Für immer traumatisiert?

Für L. und C. und alle anderen.

Beate Kriechel, geb. 1971 in der Nähe von Köln, ein erwachsener Sohn, arbeitet seit 2008 als freiberufliche Autorin und (Presse-)Referentin. Derzeit ist sie auch Geschäftsführerin in einem Verein für Adoptiv- und Pflegefamilien. Seit einigen Jahren meldet sie sich mit Vorträgen, Interviews und in den Sozialen Medien als (Betroffenen-)Expertin für sexualisierte Gewalt an Kindern und Jugendlichen öffentlich zu Wort. Gesellschaftspolitisch engagiert sie sich in unterschiedlichen Gremien und Prozessen, wie etwa an Diskurswerkstätten der Unabhängige Beauftragte für Fragen des sexuellen Kindesmissbrauchs (UBSKM) oder durch die Beteiligung an der Novellierung und Umsetzung des hessischen „Landesaktionsplans zum Schutz von Kindern und Jugendlichen gegen sexualisierte Gewalt". Seit 2022 ist sie Vorstandsmitglied der Kölner Fachberatungsstelle „Zartbitter e.V.".

Im Mabuse-Verlag erschien außerdem ihr Buch „Missbrauchtes Vertrauen. Wie sich sexualisierter Gewalt in der Kindheit auf Angehörige auswirkt".

Foto: © Ulla Burghardt

Beate Kriechel

Für immer traumatisiert?

Leben nach sexuellem Missbrauch in der Kindheit

Mabuse-Verlag
Frankfurt am Main

Bibliografische Information der Deutschen Nationalbibliothek

Die Deutsche Nationalbibliothek verzeichnet diese Publikation in der Deutschen Nationalbibliografie; detaillierte bibliografische Daten sind im Internet über http://dnb.dnb.de abrufbar.

Informationen zu unserem gesamten Programm, unseren Autor*innen und zum Verlag finden Sie unter: www.mabuse-verlag.de.

Wenn Sie unseren Newsletter zu aktuellen Neuerscheinungen und anderen Neuigkeiten abonnieren möchten, schicken Sie einfach eine E-Mail mit dem Vermerk „Newsletter“ an: online@mabuse-verlag.de.

3. Auflage 2025

Kasseler Str. 1 a
60486 Frankfurt am Main
Tel.: 069 – 70 79 96–22
Fax: 069 – 70 41 52
vertrieb@mabuse-verlag.de
www.mabuse-verlag.de
instagram.com/mabuseverlag
facebook.com/mabuseverlag
twitter.com/MabuseVerlag

Umschlaggestaltung: Marion Ullrich, Frankfurt am Main
Umschlagabbildung: © ipopba/istockphoto
Korrektorat: Claudia Weingartner, Icking
Satz und Gestaltung: Walburga Fichtner, Köln

Druck: Stückle Druck und Verlag, Ettenheim
ISBN: 978-3-86321-427-2

Printed in Germany

Inhalt

Warum dieses Buch?

Das erste Mal habe ich einer Freundin von meinem Missbrauch mit etwa sieben, acht Jahren erzählt, als ich 16 war. Ich erinnere mich vage, warum ich ausgerechnet an dem Abend mit ihr darüber sprach. Da wir in dem gleichen Stadtteil aufwuchsen, kannten wir uns vom Sehen seit der Grundschulzeit, eng befreundet waren wir aber erst, seit ich nach einem Schulwechsel aufs Gymnasium zu ihr in die 6. Klasse kam. Ich übernachtete oft bei ihr und vorm Einschlafen haben wir natürlich auch stundenlang über alles Mögliche gequasselt. Ich glaube, an dem Abend ging es mal wieder um Jungs. Meine Freundin war sehr gefragt und hatte einen lockeren, natürlichen Umgang mit ihnen. Ich war nach außen eher cool und wirkte allenfalls uninteressiert oder abweisend. Indirekt und unbewusst gab ich mir Mühe, unsichtbar zu sein. Jeder Umgang mit Jungs bereitete mir großen inneren Stress, ich fühlte mich gehemmt und unfähig. War ich mit einem Jungen oder einem Mann allein in einem Raum, geriet ich regelrecht in Panik und hatte sofort Fluchttendenzen. Das traute ich mich aber nicht offen zu zeigen, blieb äußerlich ruhig und suchte nach irgendwelchen Ausflüchten, um der Situation zu entkommen. Ich glaube, es war mir an dem Abend wichtig, ihr zu erklären, warum ich bei ihr nicht mithalten konnte, gar nicht gerne auf Partys ging und „das alles" einfach nichts für mich war. Zu dem Zeitpunkt war mir der erlebte Missbrauch schon präsent, ich hatte immer Erinnerungen daran. Ich dachte da zwar noch, dass es bei mir alles nicht so schlimm gewesen sei und dass er nicht wirklich Folgen für mich hatte, aber ich ahnte schon, dass es wenigstens einen Zusammenhang mit meiner „Schüchternheit" und meiner großen inneren Not Jungs gegenüber geben musste.

Woran ich mich noch ganz genau erinnere, war meine Reaktion am nächsten Tag. Natürlich hatte ich meiner Freundin schon am Abend gesagt, dass sie es niemandem weitererzählen dürfe. In der Schule dann, im Unterricht, kritzelte ich schnell ein paar Sätze auf einen Zettel und schob ihn ihr heimlich hin: „Wegen gestern – ich möchte nicht, dass du jetzt Mitleid mit mir hast. Ich möchte, dass du mich genauso behandelst wie immer." Meine Angst, dass ich in ihren Augen jetzt nicht mehr „die alte Beate", dass ich jetzt jemand sei, der bemitleidenswert und vor allem nicht mehr ernst zu nehmen sei, weil mir DAS passiert war, war groß.

Seit etwa Mitte der 1980er-Jahre gab es die ersten Berichte über sexuellen Kindesmissbrauch, die ich still, aber sehr aufmerksam verfolgte. Diese Berichte und auch die Bücher, die ich in den nächsten Jahren zum Thema las, waren nicht sehr ermutigend. Alle liefen für mich darauf hinaus, dass man als Betroffene von sexuellem Missbrauch für immer „kaputt" ist und niemals ein normales Leben führen kann. Und dass man am besten darüber schweigt, wenn man nicht als „Opfer" stigmatisiert werden möchte. Ich sehe heute, dass es damals natürlich seine Berechtigung hatte und bis heute hat, dass auf die schlimmen und leider allzu oft tatsächlich zerstörerischen Folgen von sexuellem Missbrauch, sexueller Gewalt aufmerksam gemacht wird. Es ist wichtig, dass Betroffene ihr Schweigen brechen (können), von ihren eigenen Geschichten berichten und wir sehen, dass Missbrauch nicht einfach so geschieht.

Missbrauch kommt in großem Umfang vor, überall und jederzeit, in allen gesellschaftlichen Schichten. Er steht immer in einem gesellschaftlichen Kontext und es gibt Täter*innen, die handeln. Meist ist es nicht „der böse Fremde", der missbraucht. Meist ist es ein naher Verwandter, eine nahe Verwandte oder ein Mensch aus dem nahen familiären Umfeld. Und, wie wir heute wissen, Missbrauch geschieht auch sehr häufig in Sportvereinen, Heimen, Internaten, kirchlichen Kreisen … Also überall da, wo Kinder und Erwachsene in einem „vertraulicheren" Umgang miteinander zusammenkommen, wo Abhängigkeitsverhältnisse und Machtgefälle bestehen, aber auch durch Peer-Gewalt, durch Geschwister und zunehmend in und mit Hilfe der Sozialen Medien. Da gibt es nichts abzuwägen oder zu relativieren. Missbrauch in der Kindheit ist ein überwältigendes, traumatisches Erlebnis und strafrechtlich eine kriminelle Handlung. Betroffene kämpfen oft lange darum, dass überhaupt gesehen wird, dass sie Opfer einer Straftat sind. Um Anerkennung des ihnen zugefügten Unrechts zu erfahren und Unterstützung zu erhalten, müssen sie zudem meist beweisen, dass es ihnen tatsächlich schlecht geht. Und in dem Moment, wo sie sich öffnen und „zugeben", dass sie ein Opfer von Missbrauch sind oder waren, laufen sie Gefahr, dies für immer bleiben zu müssen. Selten wird dieses „Sich-Öffnen" als wichtiger Schritt zur möglichen Bewältigung des Missbrauchs gesehen. Viel häufiger erfolgt eine Pathologisierung ihrer ganzen Person und ihres ganzen weiteren Lebens. Die Gesellschaft, und leider allzu oft auch die Betroffenen selbst, glauben, dass man ausschließlich Opfer ist, wenn man sexuelle Gewalt erlebt hat. Die Festlegung auf die Rolle der Schwachen, der Leidenden, der ewig Traumatisierten und des lebenslangen Opfers scheint für sie unvermeidlich. Viele Betroffene können und wollen sich mit dieser allgemeinen, öffentlichen Meinung jedoch nicht identifizieren. Im Gegenteil – viele entwickeln im Laufe der Zeit ein besonderes Maß an Stärke und wichtigen Überlebensstrategien und schaffen es, jenseits des Opferstigmas, ein aus ihrer Sicht gelungenes Leben zu führen.

Auch ich wollte mich von Anfang an nicht auf die Rolle des Opfers festlegen lassen und ausschließlich über den Missbrauch definiert werden. Ich war zwar in den Situationen des Missbrauchs ein Opfer *von* sexuellem Missbrauch, aber ich *war* (und bin) nicht der Missbrauch. Ich wusste, dass es neben der Traurigkeit, der Einsamkeit, dem Gefühl von „Nicht-richtig-Sein“ und dem ganzen Chaos in mir noch viel mehr Seiten an mir gab. Ich ging zur Schule, war im Schwimmverein, hatte Freundinnen, lachte gerne, zog stundenlang durch die Gegend und sammelte Nüsse und Pflanzen im nahegelegenen Wald. Und was in meiner Auseinandersetzung mit dem Missbrauch schnell genauso wichtig für mich war – ich wollte nicht nachgeben. Ich wollte nicht, dass „sie“, der damalige Freund meiner Mutter und sein damals etwa 17-jähriger Sohn, „gewinnen“. Ich wollte ihnen nicht erlauben, dass sie „für immer“ Macht über mich hatten, so wie sie sie hatten, als ich noch ein Kind war. Sie hatten sich anscheinend keinerlei Gedanken darüber gemacht, was sie mir da antaten und wie ich nun als junge Frau damit zurechtkam. Das machte mich fassungslos und lähmte mich oft, aber ich war auch sehr wütend. Ich wollte nicht, dass sie durch ihre Taten bestimmten, wie ich mein Leben lebe. Ich wollte selbst bestimmen, wer und was ich war und genauso frei und unbeschwert sein können wie andere Mädchen und Frauen um mich herum.

Jahrzehnte später weiß ich, dass der Missbrauch auch für mich weitreichende Folgen hatte, auch wenn ich ihn nicht isoliert von den anderen Lebensumständen in meiner Kindheit betrachten kann. Ich habe viele Gespräche mit betroffenen und nicht betroffenen Freundinnen gebraucht, alle möglichen Bücher nicht nur explizit zum Thema Missbrauch gelesen, eine Zeitlang eine Selbsthilfegruppe besucht und bin lange Jahre in Therapien gewesen, um den

Missbrauch in meiner Kindheit aufzuarbeiten – wenn man ihn denn jemals ganz aufarbeiten kann. Und dass das, was ich mit 13 Jahren mit einem Mann aus dem Bekanntenkreis meiner Mutter erlebt habe, oder besser, aufgedrängt bekam, ebenfalls Missbrauch war, habe ich erst vor wenigen Jahren, in der letzten Psychotherapie verstanden. Vorher habe ich lange ein Mäntelchen der Erstarrung darüber gelegt, es zu einem blinden Flecken gemacht, der trotzdem seine Wirkung fortsetzte, ob ich es sehen wollte oder nicht. Daneben gab es immer wieder lange Phasen der Nicht-aktiven-Auseinandersetzung. Ich habe gearbeitet, einen Sohn bekommen und als alleinerziehende Mutter großgezogen, in Beziehungen gelebt, Freundschaften geschlossen und wieder gelöst, bin gereist und habe Unmengen leckeren und manchmal nicht so leckeren Kaffee in Cafés genossen.

Ob eine Erfahrung wie Missbrauch verarbeitet werden kann, hängt von vielen Faktoren ab. Jede und jeder geht da ganz eigene Wege und entscheidet für sich, was es überhaupt bedeutet, dabei „erfolgreich" zu sein. Für viele ist es schon ein Erfolg, überhaupt darüber reden zu können. Zu einer gelingenden Verarbeitung trägt ganz sicher bei, wie das Umfeld darauf reagiert. Ob den Betroffenen etwa geglaubt oder überhaupt zugehört wird oder, wie sie wahrgenommen und ihre Geschichten, so wie sie mit allen Fort- und Rückschritten, Umwegen, Phasen der Stagnation nun einmal sind und sein können, akzeptiert werden. Ganz wichtig ist es mir zu betonen – und einige Interviewpartner*innen haben mich darin bestätigt –, dass das Buch keine Patentrezepte bietet und nicht vorgeben möchte, wie es zu gehen hat, „mit dem Missbrauch endlich klarzukommen". Es gibt keinen Zwang zum Gelingen! Und es bedeutet nicht, dass man den Spieß umdreht und sagt, „wenn die das geschafft haben, dann muss ich, dann musst du das auch schaffen".

Es ist ein Buch, das durch die Geschichten Betroffener anderen Betroffenen Mut machen will und hier und da hoffentlich Erleichterung, Erkenntnisse, ein Wiedererkennen oder was auch immer gerade gebraucht wird, ermöglicht. Auch Partner*innen, Freund*innen, Angehörigen und alle Menschen, die in irgendeiner Form mit Betroffenen von Missbrauch zu tun haben oder sich für das Thema interessieren, zeigt es bestenfalls auf, dass es DAS Missbrauchsopfer nicht gibt und dass es eher hinderlich ist, wie in allen anderen menschlichen Bereichen auch, beim Thema Missbrauch im Schubladendenken zu verharren. Die Statistiken sprechen für sich – das „Hilfeportal Sexueller Missbrauch" gibt auf seiner Internetseite an, dass mehr als jede*r zehnte Deutsche in der Kindheit oder Jugend sexuelle Übergriffe erlebt[1]. Und in der „Expertise Häufigkeitsangaben" des Bundesamtes „Unabhängige Beauftragte für Fragen des sexuellen Kindesmissbrauchs"[2] aus dem Jahr 2016 steht: „Die Weltgesundheitsorganisation (WHO) geht in ihren Prävalenzangaben für die europäische Region von Durchschnittswerten um 9 % für sexuellen Missbrauch mit und ohne Körperkontakt aus. Dies würde bei 13 Millionen Kindern in Deutschland über 1 Million betroffene Kinder und Jugendliche bedeuten." Jedes Jahr kommen neue hinzu und all diese Kinder werden erwachsen. Wir alle kennen ganz sicher einen Menschen, der von Missbrauch betroffen ist, auch wenn wir es nicht immer von ihm wissen. So wie man niemandem ansieht, ob sie Täter*innen sind, sieht man niemandem an, dass sie Betroffene sind.

Im Laufe der Zeit habe ich mich mit vielen Betroffenen ausgetauscht. Vor allem zu Beginn meines Verarbeitungsprozesses hat es mich von meiner „einsamen Insel", auf der ich mich lange Jahre befand, befreit. Es war sehr, sehr erleichternd, zu erfahren, dass auch sie mit ähnlichen Gefühlen und Problemen kämpfen. Und es hat mir gezeigt, dass – obwohl alle sagten, dass der Missbrauch gravierende Folgen für sie hatte und bis heute immer noch oft hat – ich nicht die Einzige bin, die sich nicht mit dem gängigen Opferbild identifizieren konnte und wollte. Ich hätte mir gewünscht, früher davon zu erfahren. Ein Buch zu haben, das genau das thematisiert und mir aufzeigt, dass es im ganzen schwierigen Bewältigungsprozess ein Licht am Ende des Tunnels geben kann. Das hätte mir zugleich sicher viele Zweifel erspart, ob ich denn überhaupt ein „richtiges Opfer von Gewalt" bin, wenn ich daneben auch Lebensfreude verspürte. Ob es mir denn überhaupt zusteht, Anerkennung des Leids und Hilfe zu erfahren.

Die Idee zu dem Buch hatte ich schon zehn Jahre zuvor. Aber da schien die Zeit noch nicht reif, es tatsächlich umzusetzen. Literaturagenturen, zu denen ich damals Kontakt aufnahm, damit sie mich darin unterstützen, einen Verlag zu finden, waren zunächst sehr interessiert, als sie hörten, dass es um das Thema Missbrauch ging. Sie lehnten dann aber ab, als sie merkten, dass nicht die „üblichen, schlimmen Details", nicht die klassischen Opfergeschichten thematisiert werden sollten. Als Fachfrau für Presse- und Öffentlichkeitsarbeit verstünde ich sicherlich, dass eben gerade die derzeit gefragt seien und sich

1 www.hilfe-portal-missbrauch.de

2 https://beauftragte-missbrauch.de

gut verkaufen ließen. Und ich habe auch noch einmal einen Prozess von zehn Jahren gebraucht, um das Buch unter meinem Namen zu veröffentlichen, ohne das Gefühl zu haben, mir damit zu schaden. Zu Beginn hatte ich ausschließlich an eine anonyme Veröffentlichung gedacht.

Mit all den richtigen und wichtigen Diskussionen, die in den letzten Jahren rund um das Thema sexuelle Gewalt aufgekommen sind, scheint nun endlich ein erweiterter Blick auf die vielen Aspekte sexuellen Missbrauchs möglich. Und es ist hoffentlich möglich, dass über die vielfältigen Stärken, Bewältigungsstrategien, den Mut und die Lebensfreude von Missbrauchsbetroffenen gesprochen werden kann. Wenn sich Menschen, meist nach einer langen Phase der Auseinandersetzung, wieder stabil genug fühlen und sich trauen, sich mit ihren Verletzungen zu zeigen, ist es wichtig, dass sie nicht Gefahr laufen, ignoriert oder lächerlich gemacht zu werden oder in die Opferrolle zurückgedrängt zu werden. Jede*r Betroffene hat ihre*seine ganz eigene Geschichte und Themen, mit der sie, er sich im Laufe des Bewältigungsprozesses auseinandergesetzt hat. Alle, die sich bereit erklärt haben, in diesem Buch ihre Geschichten zu teilen, haben im Vorfeld die gleichen Interviewfragen und eine Stichwortliste möglicher relevanter Themen bekommen (s. Anhang). Es ging aber nicht darum, diese Fragen und die Liste abzuarbeiten, sie dienten als Anregung. Jede*r hat für sich die Aspekte aufgriffen, die sie*ihn zum Zeitpunkt des Interviews angesprochen haben. Das Buch zeigt Ausschnitte und Momentaufnahmen auf. Hätte ich die Interviews vor fünf Jahren geführt oder würde sie in drei Jahren noch einmal führen, wären wesentliche Themen sicherlich gleich, aber die Art und Weise, wie darüber gesprochen und geschrieben wird, wäre vermutlich anders.

Es gibt noch viel mehr Geschichten, Facetten und Gefühle und es wäre schön, wenn unsere Familien, Freunde, die Gesellschaft es ermöglichen, dass diese ebenfalls zur Sprache kommen dürfen und sich noch viel mehr Menschen trauen können, sich zu öffnen. Denn darin liegt nicht nur eine Chance für die Betroffenen, den Missbrauch zu bewältigen. Darin liegt zugleich eine Chance für uns alle, für uns als Gesellschaft insgesamt, aber auch für jeden Menschen, der sich mit erlebtem Leid auseinandersetzen muss. Wir alle können verletzt werden und werden wahrscheinlich auf irgendeine Art und Weise im Laufe unseres Lebens verletzt. Wir alle verlieren Menschen, die wir lieben, haben physische oder psychische Erkrankungen, Unfälle, scheitern in für uns wichtigen

Bereichen. Wir können von Menschen, die ihre Schicksalsschläge gemeistert haben, eine Menge lernen und wir lassen uns diese Chance entgehen, wenn wir nicht bereit sind, genauer hinzuschauen und hinzuhören. Sexueller Missbrauch ist schlimm, aber er ist kein unentrinnbares Schicksal. Wir haben ihn zwar erfahren müssen, er wurde uns aufgedrängt, aber er ist keine Charaktereigenschaft und keine Identität. Wir sind nicht der Missbrauch. Wir sind Vieles. Es gibt ein sowohl als auch.

Jessica

„Ich habe mir ein Stück Kontrolle, Stärke und Macht zurückgeholt."

Ich bin 48 Jahre alt und arbeite als Krankenschwester. Ich habe eine fast erwachsene Tochter und einen Lebensgefährten.

Ich war etwa zwischen zehn und zwölf Jahre alt, als der Missbrauch stattfand. Wir wohnten mit meinem Onkel in einem Haus. Es waren zwei getrennte Wohnungen, aber unsere Türe war nie abgeschlossen. In der Zeit, als ich anfing mich körperlich zu entwickeln, kam er oft rüber, wenn ich alleine war. Seine Übergriffe reichten von anzüglichen Bemerkungen, in die Ecke drängen bis hin zu Brust anfassen. Oder er kam rein, wenn ich in der Badewanne saß, stellte mir Fragen, ob ich schon einen Freund habe oder ob ich schon solche und solche „Sachen" gemacht hätte. Wie gesagt, anfangs war ich zehn oder elf. Ich habe mich in seiner Gegenwart eigentlich ständig unwohl gefühlt, ohne dass ich genau sagen konnte wieso. Das ging über Monate so. Ich traute mich beispielsweise niemals, über Kopfhörer Musik zu hören, aus Angst, dass ich nicht mitbekäme, wenn die Tür ging. Einmal eskalierte die Situation, ich lag im Flur auf dem Boden, er über mir. In dem Moment hat es geklingelt, er sprang auf und sagte noch zu mir: „Sag nichts, sag nichts". Ich weiß nicht, was passiert wäre, wenn es nicht geklingelt hätte. Danach hörten die körperlichen Übergriffe auf, er hatte wohl zu viel Angst, doch noch entdeckt zu werden oder die Kontrolle zu verlieren. Aber seine Fragen nach einem Freund blieben. Als ich dann meinen ersten festen Freund mit 14 Jahren hatte, machte er weiter seine Bemerkungen übers „Rummachen". Auch in der Gegenwart meiner Familie – darüber wurde dann einfach hinweggegangen. Er galt als laut, dominant, aber auch als lustig. Vor allem, wenn er getrunken hatte. Für mich war die ganze Situation widersprüchlich. Als Kind muss ich unheimlich an ihm gehangen haben, weil er ja der lustige Onkel war. Bis dann zu diesen Erlebnissen. Ich kann heute noch nicht den Geruch von Alkohol in Kombination mit Zigaretten ausstehen.

Meinen Eltern habe ich damals nichts davon erzählt. Ich dachte, ich könne ihnen nichts sagen, weil ich sonst die ganze Familie zerstöre oder die Ehe meiner Tante. Zu meinen Großeltern hatte ich eine sehr enge Beziehung, aber

„über solche Dinge spricht man nicht". Ich hatte damals als Mädchen das Gefühl, dass ich damit zu niemandem hin konnte, ich dachte, dass mir niemand glaubt. Und das Gefühl hat sich dann später auch irgendwie bestätigt. Meine Mutter hat damals mein Tagebuch gelesen, in dem ich etwas explizit über diesen Vorfall im Flur geschrieben habe. Ich habe nicht oft darüber geschrieben, aber nach dieser einen Situation hatte ich tatsächlich Angst um mein Leben und habe geschrieben: „Wenn mir was passieren sollte, guckt doch bitte mal da hin, es ist das und das gewesen (…)." Aber es ist dann nichts weiter passiert und auch hier ist meine Mutter einfach darüber hinweggegangen. Sie hat sich nur darüber aufgeregt, dass ich in meinem Tagebuch meine Eltern nicht immer so nett bezeichnet oder dass ich die Schule geschwänzt habe. Für meine Eltern war ich damals in einer schwierigen Phase. Ich befürchtete, dass sie mir ohnehin nicht glauben oder womöglich noch mir die Schuld für alles geben. Jahre später hat mir meine Mutter dann einmal kurz erzählt, dass sie Ähnliches mit ihrem Großvater erlebt hat und dass ihr eigener Vater ihr ebenfalls nicht geglaubt hat.

Ich habe es dann mit 14 Jahren meinem Freund erzählt, der aber auch nur zwei Jahre älter war als ich und natürlich nicht wusste, wie er damit umgehen oder wie er darauf reagieren sollte. Damals habe ich gedacht, „gut, du hast es deinem Freund erzählt, aber es ist ja nichts weiter passiert". Ich dachte da wirklich, das hat ja nichts mit mir gemacht und hat nichts mit mir zu tun, es wäre kein Problem für mich. Oder ich wollte das einfach glauben und habe das immer wieder weggeschoben. Aber später, mit Anfang 20, habe ich am Anfang meiner Beziehung mit meinem jetzigen Partner schon erkannt, dass viele meiner Gefühle mich belasteten und viele meiner Verhaltensweisen daher kamen. Ich habe eine ganze Zeit lang immer wieder von den Erlebnissen geträumt. Hauptsächlich habe ich es aber im sexuellen Bereich gemerkt. Ich hatte lange beim Sex ein schlechtes Gewissen und dachte, meine sexuellen Phantasien und Wünsche seien nicht richtig. Und es gab eine Reihe Situationen, die wie ein „Trigger" gewirkt haben. Wenn mein Freund mir zum Beispiel die Arme festgehalten hat, nicht unbedingt nur beim Sex, hat mich das an die Erlebnisse von damals erinnert und ich konnte das nicht aushalten. Vom Kopf her wusste ich genau, wo das her kam und dass das nichts mit mir in der Gegenwart zu tun hatte. Aber ich kam trotzdem nicht dagegen an und es war in intimen Situationen immer präsent. Gefühlschaos herrschte bei mir zudem gegenüber bestimmten Typ Mann – Männer, die mich an meinen Onkel erinnert haben, haben mich abgestoßen, aber trotzdem habe ich irgendwie auf sie reagiert. Eine ganze Zeit lang habe ich gedacht, dass ich meine Partnerwahl nach meinem Onkel ausgerichtet habe. Ich habe beispielsweise lange meinen Freund mit ihm verglichen und geglaubt, er sei meinem Onkel ähnlich, was aber gar nicht stimmte. Mein Onkel hat wie ein emotionaler „Orientierungspunkt" gewirkt. Weil ich den Missbrauch bis dahin nicht aufgearbeitet hatte, hat er viel zu lange eine große, negative Rolle selbst noch in meinem Erwachsenenleben gespielt. Ich habe in meiner Beziehung zu meinem Partner erkannt, dass ich mich wirklich mit dem Thema auseinandersetzen muss. Mein Partner hat selbst sexuelle Übergriffe in seiner Kindheit und Jugend erlebt und mir immer wieder gesagt, dass ich das nicht einfach so übergehen kann. Meine Beziehung zu ihm war damals sehr entscheidend für mich. Wir haben viele, viele Gespräche geführt. Er hat mich an emotionale Grenzen gebracht oder sogar über Grenzen hinweggeführt und mir geholfen, mich mit dem Thema auseinanderzusetzen. Ich habe dann auch mit einer Freundin darüber geredet und war mit ihr zusammen in einer Selbsthilfegruppe von „Zartbitter". Das war eine sehr intensive Zeit damals, in der ich überhaupt das erste Mal „öffentlich" über alles gesprochen habe. Das Reden und Hinschauen haben mir sehr geholfen.

Ein Schlüsselpunkt im ganzen Prozess war, dass ich den Täter, meinen Onkel, damit konfrontiert habe. Das war ein paar Jahre vor der Geburt meiner Tochter, ich war etwa 24 Jahre alt. Bei einem Besuch zu Hause habe ich plötzlich gespürt, dass ich ihn darauf ansprechen muss. Ich war da einfach so weit. Ich habe es erst meinen Eltern erzählt und ihnen gesagt, dass ich mit meinem Onkel reden würde, was ich dann tatsächlich gemacht habe. Er war sehr nervös, saß zitternd vor mir und hat es zunächst nur auf die eine Situation im Flur bezogen. Ich habe ihn dann korrigiert, dass die Übergriffe und Bemerkungen ja über Monate gingen und dass diese Monate mich genauso belastet haben. Einerseits meinte er, es täte ihm leid und er wüsste auch nicht, wie das alles damals passieren konnte. Aber ich glaube, er hatte viel mehr Angst um sich – gleichzeitig meinte er nämlich, ich solle nichts davon seinem Sohn erzählen. Dabei ging es mir gar nicht darum, dass seine Frau oder sein Sohn davon erfahren, sie wissen es bis heute nicht. Ich konnte im Nachhinein damit nichts ungeschehen machen. Es war mir aber wichtig, dass er weiß, dass ich das alles nicht vergessen hatte und dass das Folgen für mein Leben hatte. Bevor ich ihn damit konfrontierte, hatte ich immer das Gefühl, dass er überhaupt nicht mehr drüber nachdachte oder dass er dachte, ich hätte das sowieso alles vergessen und es sei alles nicht so schlimm gewesen. Ich glaube, die Konfrontation war für mich der wichtigste Punkt überhaupt und hat für mich eine entscheidende Wende dargestellt. Als ich seine Nervosität und Angst gespürt habe, dass ich es womöglich doch noch seiner Frau und seinem Sohn erzählen könnte, war es wie ein kleiner Triumph für mich. Dadurch, dass ich es ihm gegenüber ausgesprochen hatte, habe ich mir ein Stück Kontrolle, Stärke und Macht zurückgeholt. Ich wollte, dass es für ihn genauso präsent ist wie in meinem Leben. Und er sollte sich bloß nicht einbilden können, dass ich das irgendwann mal vergesse. Er hat danach mir gegenüber auch nie wieder eine blöde Bemerkung gemacht und seitdem gibt es endlich eine richtige Distanz zwischen uns. Mir war klar, dass ich ihm immer wieder begegnen würde zu Hause und ich wollte dieses Heuchlerische in der Familie durchbrechen. Ich hätte es sonst einfach nicht mehr ertragen, weiter dort hinzufahren. Im Speziellen wollte ich, dass meine Eltern die vielen Konflikte und Spannungen, die es zwischen uns und zwischen ihnen und meinem Partner gab, nicht auf irgendwelche anderen Sachen münzen. Nach außen hat sich für meinen Onkel danach nicht viel verändert. Meine Eltern haben trotzdem weiter Kontakt zu ihm und sie wohnen immer noch in einem Haus. Aber für mich hat es einen entscheidenden Unterschied gemacht.

Nach der Konfrontation und dem offenen Aussprechen ging es in meinem Bewältigungsprozess wirklich aufwärts. Danach war und ist bis heute nicht alles vorbei, das Thema wird wohl nie ganz verschwinden und es wird immer ein Teil von mir bleiben. Auch heute, als ich über die Interviewfragen nachgedacht habe, habe ich schon gemerkt, dass mich das schon noch aufwühlt und ich das nicht einfach mal locker erzählen kann. Aber trotzdem konnte ich danach zu einem großen Teil damit abschließen. Für mich bedeutet es einen großen Erfolg, dass mich der Missbrauch heute nicht mehr so belastet und es mich in meinem Alltag normalerweise nicht mehr behindert. Heute bin ich dazu in der Lage, eine freiere, befriedigendere und lustvolle Sexualität zu leben. Mein schlechtes Gewissen deswegen ist weggefallen. Früher habe ich in emotionalen Dingen viel mehr alles mit mir selbst ausgemacht. Ich habe gelernt, offener zu sein und offener vor allem auch über den Missbrauch zu reden.

Natürlich beeinflusst einen der Missbrauch sehr und jeden sehr unterschiedlich und auch ich musste durch den schweren Verarbeitungsprozess.

Aber ich glaube nicht, dass der Missbrauch einen zwangsläufig für immer schädigt. Zumindest habe ich für mich nicht das Gefühl. Er ist Teil meiner Geschichte, aber ich fühle mich nicht als ewiges Opfer, das nicht lebensfähig ist. Zum Glück bin ich mit dieser Meinung persönlich noch nie konfrontiert worden. Ich suche mir meine Freunde und die Leute, mit denen ich über den Missbrauch rede, aber sehr sorgfältig aus. Ein paar meiner Freundinnen haben leider ebenfalls Missbrauch in ihrer Kindheit erlebt. Irgendwie verbindet das und ich fühle mich da sehr verstanden und ich verstehe auch sie besser. Es gibt schon Menschen, die sehr feinfühlig sind und sicher nachvollziehen können, dass das nichts Schönes ist, was man da erlebt hat. Aber Menschen mit ähnlichen Erfahrungen können es natürlich ganz anders nachempfinden und verstehen, wie man sich fühlt, als Menschen, die das nicht erlebt haben. Das verbindet die Betroffenen und kann sie aus dem Gefühl der Isolation herausholen. Zu sehen, dass ich nicht die Einzige bin, der so etwas passiert ist, war einerseits schrecklich, aber andererseits auch erleichternd.

Als ich dann mit 26 Jahren meine Tochter bekommen habe, ist das ganze Thema erst einmal komplett in den Hintergrund gerutscht. Da hatten dann andere Sachen Priorität. Aber als sie älter wurde, haben ich schon mit Argusaugen auf sie geachtet. Es kam natürlich überhaupt nicht in Frage, dass sie bei Besuchen zu Hause in irgendeiner Form körperlichen Kontakt zu meinem Onkel hatte. Ich habe ihn auch sonst nicht aus den Augen gelassen und sehr genau aufgepasst, wie er mit ihr geredet hat. Als meine Schwester dann ihre Tochter bekam, habe ich ihr von dem Missbrauch erzählt. Das war, nachdem ich meine Nichte auf dem Schoß meines Onkels habe sitzen sehen. Für mich war da klar, dass ich ihr das sagen muss, auch wenn ich keinen Einfluss darauf hatte, was meine Schwester mit dieser Information machen würde. Wenn mit meiner Nichte irgendetwas passiert wäre und ich hätte ihr nichts davon gesagt, hätte ich mir große Vorwürfe gemacht. Und so eine gewisse Wachsamkeit und ein grundsätzliches Misstrauen, nicht nur meinem Onkel gegenüber, bleiben einfach. Und trotzdem gibt es eine Sache, die ich mir bis heute nicht verzeihen kann: In unserem Bekanntenkreis gab es einmal einen Mann, der mich von seiner ganzen Art und äußerlich total an meinen Onkel erinnert hat. Ich habe damals gedacht, dass ich ihm gegenüber nur aufgrund meiner Geschichte und nur, weil er mich an meinen Onkel erinnert, nicht so misstrauisch sein und ihn nicht verurteilen darf. Ich habe eigentlich ganz genau gespürt, wie der so tickte und habe trotzdem meine Alarmglocken ausgeschaltet und meine Gefühle übergangen. Ich dachte, „sei jetzt bloß nicht so paranoid". Leider hat sich dann herausgestellt, dass er doch so ein Typ ist und mein Gefühl recht hatte. Obwohl wir ihn dann sofort rausgeschmissen haben, als er sich unserer Tochter gegenüber komisch verhalten hat, mache ich mir heute noch Vorwürfe deswegen. Danach war es mir natürlich erst recht wichtig, meine Tochter für ihre eigenen Grenzen und Wahrnehmungen zu sensibilisieren. Das fing schon an, als sie klein war, dass ich ihr gesagt habe, dass sie sich nicht anfassen lassen muss, wenn sie nicht möchte. Oder dass sie keine Küsschen geben muss.

Ich will nicht sagen, dass ich froh bin um meine Erfahrung, wer möchte so etwas schon erleben. Aber heute sage ich, sie hat mich geprägt und ich bin gestärkt daraus hervorgegangen. Ich glaube dadurch, dass ich mich damit auseinandergesetzt habe, bin ich emphatischer und weniger oberflächlich geworden. Bei meinen Freundinnen und in meinem Job als Krankenschwester merke ich, dass ich als Betroffene ganz anders damit umgehen kann. Wenn mir Freundinnen oder Patientinnen von ihren früheren Gewalterfahrungen erzählen, höre ich nicht weg und habe keine Hemmschwelle mit ihnen darüber zu reden. Ich schrecke nicht davor zurück und glaube ihnen erst einmal grundsätzlich. Diese „gemeinsame" Erfahrung kann Beziehungen intensivieren und ihnen eine ganz andere Tiefe geben.

Darf ich Freude und Spaß haben im Leben? Ja natürlich! Unbedingt und jetzt erst recht. Ich würde mich schon als einen lebensbejahenden und freudvollen Menschen bezeichnen. Ich bin ein positiv denkender Mensch, reise gerne und gehe offen auf andere Menschen zu. Jemand, der behauptet, dass „das alles nicht so schlimm gewesen sein kann", wenn man trotzdem Freude und Spaß hat, der hat einfach keine Ahnung! Ich würde mir wünschen, dass man Betroffenen mehr zuhört, genauer hinsieht. Durch die ganzen Missbrauchsfälle in der Kirche und in den Heimen, die in den letzten Jahren bekannt geworden sind, wird zwar mehr über Missbrauch gesprochen, aber nicht mit den Betroffenen selbst. Und viel zu oft landen Betroffene immer noch in der Schublade des Opfers und sie werden nicht ernst genommen. Wichtig ist außerdem, dass wir darüber reden, dass es auch Frauen gibt, die Kinder missbrauchen. Solche Fälle sind bekannt und ich kenne Betroffene, die das erlebt haben.

Ich finde den Begriff sexuelle Gewalt viel passender, wenn wir über Missbrauch reden. Wenn mir jemand seinen Willen aufzwingt, selbst wenn dies ohne direkte physische Gewalt wie Schläge geschieht, ist das Gewalt. Jeder Übergriff, der gegen meinen Willen geschieht, egal ob verbal oder körperlich oder „nur“ mit Blicken, ist eine Form von Gewalt. Wenn ich sexuelle Gewalt sage, gibt es da nichts falsch zu verstehen und es wird deutlich, worum es eigentlich geht. Und ich bezeichne mich eher als Überlebende, denn als Opfer. Im Wort „Überlebende“ steckt sehr viel Stärke und es zeigt etwas von dem Weg auf, den man hinter sich gebracht hat, um da zu sein, wo man heute ist.

Der Weg kam mir mittendrin oft sehr weit vor und ich hatte viele beschissene Tage. Ich war so oft wütend, dass mir das überhaupt passiert ist und dass mir der Missbrauch so viel Stress verursacht hat und dass ich mich überhaupt damit auseinandersetzen musste. Dieses Gefühl von Wut musste ich erst einmal lernen zuzulassen. Aber dann hat mir die Wut geholfen. Das Gefühl von Machtlosigkeit und Scham war ebenfalls oft sehr stark. Aber es wurde besser, auch wenn die schlechten Tage wahrscheinlich nie ganz verschwinden. Letztlich war ich dann aber stolz, dass ich es geschafft habe, mich dem zu stellen. Ohne die ganze Auseinandersetzung damit, wäre ich nicht dahin gekommen zu sagen, ich habe das zwar alles erlebt, aber ich bin das nicht und es hindert mich heute nicht daran zu leben.

Die Kriegerin

„Ich bin mit meinen Wunden geworden, was ich bin."

Vor wenigen Wochen erfuhr ich von Missbrauchsvorwürfen gegenüber einem amerikanischen Vorzeige-Pastor, der auch in Deutschland sehr bekannt ist. Ich war erschüttert. Wieder einmal. Wieso haben seine engsten Mitarbeiterinnen so lange geschwiegen, fragte ich mich. Kurz danach kam die Anfrage, ob ich meine Geschichte teilen möchte.

Ich bin 55 Jahre alt, verheiratet und habe keine Kinder. Im Laufe meines Berufslebens war ich Jugendarbeiterin bei einem christlichen Jugendwerk, Gemeindepfarrerin, Aidsberaterin und Coach. Zusammen mit meinem Mann habe ich etliche Jahre in Afrika gelebt und gearbeitet. Inzwischen bin ich auf eigenen Wunsch hin aus dem kirchlichen Dienst ausgestiegen.

Als ich etwa acht oder neun Jahre alt und in der 3. oder 4. Klasse war, hatte ich, gemeinsam mit meinen jüngeren Schwestern, Flötenunterricht bei einem älteren Mann. Er wohnte auf der anderen Straßenseite und drängte uns, ihn zusätzlich zum Unterricht besuchen zu kommen. Wir sollten ihn duzen, ihm einen Kuss zur Begrüßung geben und uns auf seinen Schoß setzen. Wir fanden das schrecklich und wehrten uns dagegen, ihn zu besuchen. Meine Mutter überredete uns immer wieder, „dem armen, alten Mann doch eine Freude zu machen". Gleichzeitig war unter den Müttern der Nachbarschaft bekannt, dass er Kinder missbraucht. Seine Frau ließ während des Unterrichts extra die Küchentür auf. Ich habe keine Erinnerung daran, was genau bei ihm passierte und was er mit mir machte und ob er auch meine Schwestern (damals zwischen fünf und sechs Jahre alt bzw. zwischen drei und vier Jahre alt) angefasst hat. Ich erinnere mich, wo das Klavier und das Sofa standen und dass er selbst gedichtete Lieder vorgesungen hat. Und seine Notenblätter mit bunten Noten haben sich mir eingeprägt. Was da genau passiert ist, ist aber völlig ausgelöscht. Jedoch weiß ich noch ganz genau, wie verstört und verändert ich über Wochen und Monate danach war. Ich ging nicht mehr raus zum Spielen und Rollschuhfahren. Am liebsten wollte ich in der Nähe meiner Mutter sein oder verkroch mich im hintersten Zimmer. Sonst war ich ständig draußen, wir haben getobt und die Olympiade nachgeturnt. Ich hatte ganz schwarze Knie vom Rollschuhfahren beziehungsweise vom Bremsen. Ab einem bestimmten Punkt habe ich mich plötzlich verkrochen und durch die geschlossene Tür hindurch gehört, wie die Erwachsenen über mich sprachen. Ich habe mich ganz fürchterlich gefühlt. Ständig plagte mich ein „schlechtes Gewissen" wegen irgendwelcher Dinge, die ich falsch gemacht hatte. Flashbacks verfolgten mich noch bis an den neuen Wohnort. Wir sind umgezogen, als ich in der 5. Klasse war. Wenn mein Vater zum Beispiel in der Wohnung an mir vorbeiging, dann liefen fast zwanghaft „kleine innere Filme" in mir ab, gegen die ich mich nicht wehren konnte. Ich habe Bilder gesehen, als ob jemand mit einem scharfen Messer schnell eine Salami in Scheiben schneidet. Nur, dass es keine Salami war, sondern ein Penis. Das fand ich ganz fürchterlich. Das hat mich monatelang verfolgt und ich habe jahrzehntelang niemandem davon erzählt.

Ob ich die erlebte Gewalt erfolgreich bewältigt habe, weiß ich nicht. Bei mir lief es anachronistisch. Ich kann mich nicht erinnern und empfinde das als Gnade. Bis vor fünf Jahren habe ich mich nicht als Gewaltopfer gesehen. Ich habe nur gespürt, dass das Leben schwer und kompliziert war, dass Partnerschaft und Familie unerreichbare Ziele für mich waren. Erst in meiner psychologischen Ausbildung mit Mitte 40 begann ich zu ahnen, dass ich betroffen bin. Dieser Prozess ging über Jahre. Zu der Zeit lebten und arbeiteten mein Mann und ich im Ausland, erst in Ostafrika, dann im südlichen Afrika. Als mir die Situation nach der Apartheid zusammen mit meinen Wechseljahresbeschwerden zu schaffen machten, hatte ich ein paar Gespräche mit einer Psychologin. Mit ihr habe ich dann ganz konkret darüber gesprochen, dass ich Missbrauch erfahren habe. Ihr Angebot, mich mittels Hypnose an meine Erinnerungen zurückzuführen, habe ich abgelehnt. Im Heimaturlaub sah ich ein Fernsehinterview mit Stephanie zu Guttenberg, die sich in einem Verein gegen Kindesmissbrauch engagierte. Sie wurde gefragt, woran man merke, dass ein Kind betroffen sei. Sie meinte, dass man das nicht so genau sagen könne, aber es ein ganz wichtiges Kennzeichen wäre, wenn ein Kind sich ganz plötzlich, von heute auf morgen, verändert. Das war wie ein Gong! Schlagartig sah ich mich in der hintersten Ecke sitzen und vor der Tür meine ratlosen Eltern. Alles zusammen führte mich schließlich zu der Erkenntnis, dass ich Gewalt erlebt hatte. Gleichzeitig wurde mir bewusst, wie wirksam – und zugleich lebenswichtig – Verdrängung ist.

Mir ist es sehr wichtig, dass man offen auch über Tabuthemen sprechen kann. Aber in diesem Fall bin ich dankbar dafür, dass mir das alles erst so spät klar wurde. Das Verdrängen und Vergessen ist ja auch ein Schutzmechanismus. Bei mir ist es eher anders herum: Seit ich mich als „betroffene Frau" sehe, ist eine Last von mir abgefallen. Endlich kann ich besser verstehen, was vorher diffus und nicht greifbar war. Es gibt einen Grund, warum mir manches so schwer fiel oder ich mich anders gefühlt habe.

Ja, ich würde sagen, der Missbrauch hat mich verletzt. Ich konnte keine gesunde Identität ausbilden als Mädchen und als Frau. Als ich jung war, wurden die Weichen ungünstig für mich gestellt. Ich habe Defizite und habe jahrzehntelang darunter gelitten. Aber ich hole auf. Seit zwei Jahrzehnten bin ich sehr gewachsen, habe regen Austausch mit anderen Frauen und bin gerne Frau. Es ist verrückt: Meine Mutter gab mir einen Namen, von dem sie mir sagte, er bedeute in etwa „die, die für die Reinheit kämpft". Später, als ich ein Krankenpflegepraktikum auf der Gynäkologie machte, bekam ich ein Namensbuch in die Hand. Dort fand ich noch weitere Bedeutungen, die mich wesentlich mehr ansprachen: „Die für einen Beschluss kämpft" oder „die im Rat kämpft". Das mit dem Kämpfen blieb also und das fand ich sehr schön und passend. Ich konnte mich ja nie entscheiden und war immer so schwammig. Die für einen Entschluss kämpft oder die zusammen mit anderen kämpft, finde ich auch heute noch wunderbar. Mehr und mehr wachse ich in meinen Namen hinein. Aus der Seelsorgerin und Pfarrerin in einem System, das verdrängt, wurde eine Aidsberaterin, die mit Menschen über Sexualität spricht und darüber, wie sie sich vor sexuellen Übergriffen schützen können! In Afrika unterrichtete ich sogar Theologiestudent*innen, wie die Kirche „Teil der Lösung" statt „Teil des Problems" werden könne. Erst kürzlich brachte mir mein Mann von seiner Dienstreise eine kleine Holzskulptur mit, ein Geschenk von katholischen Schwestern in Tansania. Es war ein Krieger mit Speer, nicht unüblich. Bei näherem Betrachten fiel es mir wie Schuppen von den Augen: Die kniende Figur, geschmückt mit bunten Glasperlen, war eine Frau! Eine Kriegerin! Das bin ich, wurde mir schlagartig klar. Ein Zeichen des Himmels! Ich bin diese Kriegerin! Nicht aufgeben, weiterkämpfen, lautete die Botschaft meiner Schwestern, die mich nicht einmal kannten und doch so eng mit mir verbunden sind.

Seit ich als Erwachsene wieder eine Missbrauchserfahrung gemacht habe, bin ich für das Thema sexualisierte Gewalt sensibilisiert und hake nach oder engagiere mich. Aus der Verletzung, aus dem Missbrauch ist Stärke entstanden. Ich bin eine Kämpferin geworden, die hinschaut und sagt: „Ich stell' mich dazu." Ohne meine Erlebnisse wäre ich vielleicht gar nicht zu dem Thema gekommen. Aus dem, was peinlich und belastend war, ist für mich ein Aktionsfeld geworden und ich habe ganz viel Stärke daraus entwickelt.

Eine lustvolle Sexualität ist für mich immer noch kompliziert und schwierig. Dabei kann ich nicht unterscheiden, welchen Anteil mein christlicher Hintergrund hat, welchen Anteil meine eigenen Erfahrungen haben oder ob das ererbte Trauma meiner Mutter eine Rolle spielt. Wahrscheinlich ist es eine Mischung aus allem. Als ich Jugendliche war, wohnten wir in der Nähe einer amerikanischen Kaserne. Es gab relativ viele Soldaten in dem kleinen Ort. Zu der Zeit hat meine Mutter uns immer aus der Zeitung vorgelesen, wenn ein Mädchen vergewaltigt wurde. In meiner Erinnerung „muss" es jede Woche dreimal dringestanden haben. Wahrscheinlich war das tatsächlich „nur" alle zwei Jahre der Fall, aber das Thema war sehr präsent bei uns. Außerdem sind meine Schwestern und ich zu einem christlichen Jugendkreis gegangen. Das war in einer dunklen Straße an einem Flüsschen. Alle anderen jungen Leute sind sogar von der weiter entfernten Stadt gemeinsam mit dem Fahrrad da hingekommen und im Dunkeln wieder zurückgefahren. Aber wir durften nie alleine hin und mussten immer abgeholt werden. Im Nachhinein würde ich sagen, das war seitens meiner Mutter sehr angstbesetzt. Ein anderes Beispiel: Als sie einmal vertretungsweise bei uns in der Schule unterrichtet hat, kam sie ganz geschockt wieder und meinte: „Da sind Mädchen in der 7. und 8. Klasse, die haben ja alle schon Busen. Das sind ja schon alles voll entwickelte Frauen". Sie war ganz aufgebracht. Jahrelang habe ich mich in der Pubertät viel zu dick gefühlt, was ich aber gar nicht war. Erst im Nachhinein wurde mir klar, Busen und Po und alles, was mit Körper zu tun hat, war verpönt und schambesetzt. Wir haben auch nie einen Jungen mit nach Hause gebracht. Als ich schon lange im Studium war, hat meine Mutter mich dafür gelobt, dass ich mir „die Männer vom Leibe halte". Irgendwann, mit 20 oder fast schon 30, habe ich gedacht, ich hätte gern einen Freund. Alle anderen hatten einen Freund, nur bei mir klappte dies nicht. Und als ich dann in Beziehungen war, merkte ich, dass ich irgendwie eine Verachtung gegenüber Männern hatte. Ich fragte mich, wo sie nur herkommt und landete immer wieder bei meiner Mutter. Über eine Cousine fand ich später heraus, dass meiner Mutter bei der Flucht aus Ostpreußen etwas passiert sein musste. Als ich das erfahren habe, war meine Mutter schon längst tot und ich konnte nicht mehr mit ihr darüber reden. Aber für mich hat alles plötzlich Sinn gemacht – ich habe als älteste Tochter von ihr da etwas mitbekommen. Die Entdeckung, dass ich ein Kriegsenkel bin und dass meine Mutter eine von vielen, vielen Müttern ist, die im Krieg eine Vergewaltigung erlebt haben, hilft mir, mich da besser zu verstehen. Aber ich denke auch, dass der Missbrauch in der Kindheit tiefe Spuren hinterlassen hat und für mein schwieriges Verhältnis zur Sexualität mitverantwortlich ist. Mein Mann und ich haben den Versuch einer Ehe-Selbsttherapie gemacht und suchen weiter eine Gelegenheit zur Ehe- oder Sexualtherapie. Außerdem habe ich eine sehr hohe Spannung im Körper, die ich kaum beeinflussen kann. Die hatte ich schon als Kind. Und ich erinnere mich, dass die Spannung besonders stark wurde, wenn ich in Beziehungen war. Auch jetzt, wo ich verheiratet bin, ist sie sehr stark. Ich mache alles Mögliche, um sie zu bearbeiten – Sport, Massage, Meditation, Wärme mit Kirschkern-Säckchen. Das lindert ein wenig.

Schwierig sind außerdem immer noch meine Schuldgefühle. Immer, wenn es irgendwo darum geht, dass jemand Schuld hat oder irgendwo etwas schiefläuft, melde ich mich freiwillig. Ich hatte schon als Kind sehr große Schuldgefühle. Eine Beraterin beim Frauen-Notruf hat mir einmal erklärt, dass das ein ganz typisches Phänomen sei, dass sich Betroffene nach Missbrauch schuldig fühlen – „ich habe etwas falsch gemacht, ich hätte Nein sagen müssen" oder so ähnlich. Nach dem Missbrauch als Erwachsene habe ich mich ebenfalls schuldig gefühlt und dachte, es lag an mir. Ich hätte die falschen Signale gesetzt oder so. „Nein, Sie sind nicht schuld!", hat die Beraterin damals zu mir gesagt.

Zorn und Wut sind auch ein Thema. Ich habe oft Ausraster in der Partnerschaft, was ich ganz fürchterlich finde und ganz peinlich. Ich habe das Gefühl, da kommt der Zorn von 1000 Jahren hoch. Bei irgendwelchen Kleinigkeiten rege ich mich so wahnsinnig auf. Wenn mein Mann beispielsweise etwas nach links statt nach rechts stellt, fühle ich mich im Innersten getroffen. Ich bin dann fürchterlich gekränkt und immer gleich wütend. Ich glaube, das passiert immer dann, wenn ich mich ignoriert fühle oder meine, dass meine Grenzen überschritten werden. In der Psychotraumatologie spricht man von „Trigger-Situationen" und Traumafolgestörungen. Ich hätte lieber eine andere Reaktion. Andere driften weg, wenn ihnen etwas zu schwierig wird oder wieder andere entwickeln Depressionen. Aber bei mir ist es eben die Wut. In der Sandspieltherapie entdeckte ich, dass diese Aggressivität Lebensenergie ist, die nur in die richtige Richtung gelenkt werden muss.

Ich sehe mich als „betroffene Frau" und damit „als Teil einer weltweiten Gemeinschaft". Die Solidarität mit Frauen in großen Teilen der Welt stärkt mich. Damals als Kind war ich Opfer. Als Kind konnte ich nichts anderes sein. Aber heute handeln wir und können für uns und für andere eintreten und versuchen, Missbrauch zu thematisieren, wo es nur geht. Wir haben die Möglichkeit, die Beschädigung, die Schwäche in eine Stärke umzukehren. Heute ist es mir ein Anliegen, Frauen zu stärken. Vielleicht haben deshalb die Themen „Empowerment" und „Transformation" so bei mir gezündet. Empowerment heißt für mich, ich sammle meine Kräfte, ich stehe auf und stelle mich den Dingen. Mit Stolz und Würde sage ich heute, ich bin mit meinen Wunden geworden, was ich bin. Und ich bin nicht allein! Wir sind ganz viele und wir sind ganz tolle, starke Frauen! Während meines Psychologiestudiums in Ostafrika war sexualisierte Gewalt ein Thema, das sich durchzog und mich besonders ansprach. Ich fühlte mich stark verbunden mit den afrikanischen Frauen. Während dieser Zeit begann ich, zu ahnen, dass das auch etwas mit mir persönlich zu tun hat. Vielleicht brauchte ich den Umweg über Afrika. Meine persönliche Erfahrung brachte mich dazu, mich mit dem Thema auseinanderzusetzen und sie positiv im Beruf einzubringen.

Ich habe selbst erlebt, wie unangenehm es ist, wenn man auf die Rolle als Missbrauchsopfer festgelegt wird. Mit 27 Jahren habe ich „Missbrauch in Therapie" erlebt. Damals war ich bei einer christlichen Freikirche. Dort gab es einen Pastor, der auch Sozialpädagoge war und viele seelsorgerische Gespräche führte. Als Evangelist reiste er viel und hielt Vorträge. Es kamen sehr viele Jugendliche und Frauen zu ihm in die Seelsorge, was er schamlos ausnutzte. Er hat mir gesagt, dass er mit einer Art „Touch-Therapie" arbeite und dass das nicht jeder verstünde und dass es unter uns bleiben müsse. Erst zwei Jahre später, als ich längst in einer anderen Stadt arbeitete, wurde mir klar, was da passiert war. Ich suchte eine Beratungsstelle für „Mädchen und Frauen bei sexueller Gewalt" auf, um mich beraten zu lassen. Mit einer ehemaligen Teamkollegin, die zusammen mit mir in der Freikirche gearbeitet hatte, besprach ich mögliche Schritte gegen den Pastor. Sie organisierte andere betroffene Frauen und schließlich erstatteten wir Anzeige bei der zuständigen Polizeidienststelle. Ich sprach mich bei einer Seelsorgerin aus und entschied mich dafür, eine

Aussage zu machen. Eine Polizeibeamtin reiste 800 Kilometer an, um die Aussage bei mir zu Hause aufnehmen zu können. Was ich sagen möchte: Ich habe mich ganz aktiv mit dieser Missbrauchserfahrung auseinandergesetzt und sie bearbeitet und dann stempelte mich meine damalige beste Freundin mit einer einzigen Bemerkung zum „unverbesserlichen Opfer" ab. Sie wusste von dieser Geschichte, als ich ihr von einer aktuellen Begebenheit mit zwei Konfirmanden berichtete. Die beiden waren Aussiedlerjungs und ich habe mich als Vikarin um sie gekümmert. Manchmal haben sie mich auch zu Hause besucht. Ich erzählte ihr, dass einer der Jungs sich bei einem Besuch bei mir auf den Schoß gesetzt hat und ich ihn dann sanft runterkomplimentierte. Der andere streichelte mir mal über den Rücken und ich schob seine Hand weg. Die beiden waren 13, 14 Jahre alt damals. Es stellte sich später heraus, dass diese Freundin das, was ich ihr anvertraut hatte, wiederum ihrer Seelsorgerin erzählt hat. Und diese Seelsorgerin muss ihr dann irgendetwas in dem Sinne erklärt haben, dass ich als Missbrauchsopfer keine Grenzen einhalten könne und deshalb mit den Konfirmanden aufpassen müsse. Die Freundin spiegelte mir, dass ich, weil ich so etwas erlebt und zugelassen habe, jetzt selbst übergriffig werde und keine Grenzen einhalten könne. Ich war entsetzt und dachte mir, was mache ich da? Ich hatte einen sehr guten Draht zu Jugendlichen und fragte mich, ob ich den Kontakt zu ihnen ganz abbrechen sollte. Heute denke ich, ich habe angemessen reagiert. Wenn ich die Jungs Knall auf Fall rausgeschmissen und nie mehr mit ihnen geredet hätte, wäre das viel schlimmer gewesen. Meine Freundin hat mit mir selbst nie darüber gesprochen. Dass war für mich sehr unerfreulich, dass das über Schleifen und mit Beurteilungen und negativen Bewertungen zu mir zurückkam.

Es war mir wichtig, meine Schwestern und meinen Mann in den Missbrauch einzuweihen, damit sie Bescheid wissen. Zwischen uns ist viel Offenheit und Vertrauen. Aber ich habe nicht das Bedürfnis, so viel darüber zu sprechen. Als ich einen Traumapsychologen suchte, haben meine Schwestern mich sehr ermutigt und unterstützt. Bei Freundinnen bin ich sehr zurückhaltend. Wenn eine selbst Gewalterfahrungen gemacht hat oder ihre Vergangenheit aktiv bearbeitet, sage ich vielleicht etwas. Meinen Vater habe ich mal nach dem Flötenlehrer gefragt. Daraufhin suchte er einen vierseitigen, handschriftlichen Brief hervor, den er damals an den Lehrer geschrieben hatte. Tenor war, dass der Lehrer doch bitte respektieren solle, dass ich ihn nicht mehr duzen wolle.

Das hat mich sehr bestürzt. Später, bei einem Besuch, sprach ich meinen Vater nochmals auf den Brief an und sagte, dass man gar nicht verstünde, was er damit sagen wollte. Er meinte nur, dass man das ja nicht so direkt hätte ausdrücken können. Er fragte mich noch, ob ich eine Kopie des Briefes wolle. Die hatte ich aber schon, und damit war „das dann auch erledigt". Aus seiner Bemerkung, „das ist doch der, der Kinder angetatscht hat", wurde mir bewusst, dass es ihm schon klar war, was da passierte oder passieren konnte. Wenn wir ihn sonst nach einem Ereignis aus unserer Kindheit fragen, sagt er: „Ach ich musste ja arbeiten, ich weiß das nicht". Dabei hat er ein Gedächtnis wie eine alte Elefantenkuh. Soeben hat er seine Erinnerungen über seine Kindheits- und Kriegserlebnisse bis ins letzte Detail aufgeschrieben. Aber immer dann, wenn es uns Kinder betrifft und ich ihn danach frage, dann kann er sich an nichts erinnern. Trotz seiner himmelschreienden Passivität war es wertvoll für mich zu sehen, dass er durchaus mitgekriegt hat, was der Flötenlehrer da getrieben hat.

Weder meine Mutter noch mein Vater haben mich beschützt. Offensichtlich konnten sie es nicht. Aber es ist schon bestürzend! Seit mir das bewusst ist, trübt es manchmal die Beziehung zu meinem Vater. Im Alter spricht er unaufhörlich monologartig, ohne sein Gegenüber miteinzubeziehen. Manchmal kommt es mir vor, als ob er eine „Mauer aus Worten" zwischen uns aufbaut. Es wird über alles gesprochen, nur nicht über das, was uns beide betrifft und berührt. Oft brauche ich Stunden, um mich nach einem Besuch oder Telefongespräch wieder zu beruhigen.

Als Aidsberaterin in Afrika habe ich gelernt, wie mächtig Stigma und Tabu sein können. Dort gibt es den Ausspruch: „There is an elefant in the room!" Das heißt, wir stolpern über das Thema, aber tun alles, um nicht darüber sprechen zu müssen beziehungsweise das Problem anzugehen. Darum ist es mir auch in Deutschland wichtig, über Tod, Sexualität, Depression, Demenz und Ähnliches reden zu können. Aber auch in unserem aufgeklärten Land sind das sensible Themen. Ich würde gerne mehr darüber reden, aber halte mich eher zurück. Wo es passt, ich Vertrauen zur Gesprächspartnerin habe oder vermute, dass sie selbst betroffen ist, wage ich einen Versuch. Jetzt, da ich darüber nachdenke, wird mir bewusst, durch Verschweigen entsteht das Tabu. Ich würde so gerne meine Mutter nach ihren Erlebnissen auf der Flucht fragen. Vielleicht hätte es mir in der Entwicklung meiner Weiblichkeit geholfen. Aber wer weiß – wenn sie noch leben würde, wäre es vielleicht auch jetzt nicht möglich, mit ihr darüber zu reden. Heute ist mir klar, dass sie mir nonverbal sehr viel übermittelt hat, das ich nicht durch Worte einordnen konnte. Sicherlich hat sie einen hohen Anteil daran, dass ich mehr als mein halbes Leben Partnerschaft und Sexualität vermieden habe.

Ja, ich denke, das soziale Umfeld spielt eine große Rolle – für die Betroffenen wie für die Eltern. Als ich meiner Schwester von meinem Verdacht erzählte, erwiderte sie ganz spontan: „Ach, das war doch dieser schleimige Flötenlehrer, der Kinder missbraucht hat!" Ich war perplex. Meine Schwester war damals fünf oder sechs Jahre alt. Wie konnte sie das wissen? Also müssen sich die Eltern, die Mütter der anderen Flötenkinder darüber unterhalten haben. Ich erinnere mich an eine Situation in späterer Zeit, in der die Mütter zueinander sagten, „es hätte jetzt aufgehört", jetzt seien die Kinder in Sicherheit. Sowohl in meinem Fall als auch bei heutigem Kindesmissbrauch bin ich total bestürzt, wie oft es vorkommt, dass Eltern ihre Kinder nicht beschützen. Darunter nicht wenige Mütter. Unfassbar! Bestimmt gibt es Ursachen dafür, trotzdem kann ich es bis heute nicht fassen. Wenn ich daran denke, dass meine Mutter uns in die Löwengrube getrieben beziehungsweise dem Löwen zum Fraß vorgeworfen hat! Oder an den vierseitigen Brief meines Vaters! Welche Hilflosigkeit! Ein Familienaufsteller sagte mir einmal, meine Eltern konnten mich nicht beschützen, weil sie selbst in einem Missbrauchssystem groß geworden sind. Damit wären wir wieder bei der Gesellschaft: Die Nachkriegsgesellschaft wurde gebildet aus Menschen, die alle manipuliert worden waren und von denen viele Missbrauch in unterschiedlichen Formen erlebt hatten. Wie viele Frauen wurden vergewaltigt und haben bis ins hohe Alter nie darüber sprechen können! Ja, ich denke, Eltern und Lehrer können viel dazu beitragen, ihre Kinder und Schüler zu schützen. Indem sie eine offene Atmosphäre schaffen, in der über alles gesprochen werden kann, auch über Dinge, die extrem schambehaftet sind. Sie müssen im Vorfeld deutlich machen, dass es nichts gibt, mit dem sich das Kind den Eltern nicht anvertrauen kann. Sie müssen deutlich machen, dass es „das System des Schweigens" gibt, um den Missbrauch zu vertuschen. Damit wollen Gewalttäter – oft sind es ja nahe Verwandte, Nachbarn oder wie bei mir der Musiklehrer – das Opfer einschüchtern oder an sich binden. Sie sprechen von „unserem kleinen Geheimnis" oder davon, dass „die anderen das nicht verstehen, was zwischen uns ist". Oder sie werden noch vehementer und setzen die Betroffenen unter Druck: „Wenn du was erzählst, passiert etwas ganz

Schlimmes". Sie wollen sie dazu bekommen, nichts zu erzählen, um sich selbst zu verstecken. In meinem Fall weiß ich nicht, ob „die Gesellschaft" es meinen Eltern leicht gemacht hat wegzugucken oder ob „die Gesellschaft" ein Spiegelbild ihrer eigenen Unfähigkeit war.

Ich habe keine Zahlen und weiß nicht einmal, ob es überhaupt Untersuchungen dazu gibt, aber ich vermute, dass der sexuelle Missbrauch in kirchlichen und Glaubenskreisen noch viel höher ist als anderswo. Ich glaube, er blüht im Verborgenen, weil sich niemand traut, nachzuhaken. Ich habe Kirche und andere christliche Gemeinschaften insgesamt als extrem konfliktvermeidend erlebt. Es wird viel vermieden. Man spricht nicht darüber, dass es natürlich auch im christlichen Bereich oft um Macht, Rivalität, Karriere und Ruhm geht. Richard Foster, ein bekannter christlicher Autor und Pastor, schrieb schon vor 30 Jahren, dass es letztlich immer um „Geld, Sex und Macht" ginge. In den Fürbittgebeten der Kirchen wird zwar ganz allgemein für Frieden in der Welt, aber fast nie für den Schutz von Kindern und die Zerschlagung von Pädophilenringen gebetet. In evangelikalen Kreisen konzentriert man sich auf das Thema Homosexualität und setzt sich gegen die Segnung gleichgeschlechtlicher Partnerschaften ein. Mein Vorschlag, doch mal über weitere Aspekte der Sexualität zu sprechen, fand wenig Gehör. Und natürlich wird ebenfalls nicht über die verschiedenen Formen von Missbrauch gesprochen. Da alle Pfarrer Konfirmandenunterricht erteilen, könnte man mit Jugendlichen beispielsweise auch mal über Cybergrooming sprechen. Man vermeidet das alles. Daraus folgt, dass in kirchlichen Kreisen Missbrauch noch weniger aufgedeckt wird und unbehelligt weitergehen kann. In meiner Arbeit mit Kirchen und Freikirchen habe ich persönlich viele negative, aber auch ein positives Beispiel im Umgang damit erlebt. Von dem positiven Beispiel möchte ich erzählen, damit man sieht, was auch innerhalb von Kirchen möglich ist. Nachdem ich den Missbrauch in der Therapie erlebt habe, habe ich mich später einer Religionslehrerin, die zugleich meine Mentorin war, anvertraut. Sie kannte den Pastor, der mich missbraucht hatte. Wie gesagt reiste er als Jugendevangelist viel herum und leitete jedes Jahr an Ostern die Jugendfreizeit eines großen Bibelkonferenzzentrums in Süddeutschland. Ich rechne der Religionslehrerin hoch an, dass ich ihr mein Herz ausschütten konnte und sie mir anbot, mich zur Polizei zu begleiten. Sie saß neben mir, als ich meine Aussage machte. Die Anzeige verlief später zwar wegen des damaligen Strafrechts im Sande, obwohl noch andere Frauen ausgesagt hatten. Aber für mich war es enorm wichtig, dass sie mir beistand. Außerdem fragte sie mich, ob sie an die Leitung des Bibelkonferenzzentrums weitergeben dürfe, was ich mit dem Pastor erlebt hatte und dass ich von vielen weiteren betroffenen Frauen wüsste. Dann sollte das Leitungsgremium darüber entscheiden, wie sie damit umgehen wollten. Ich habe danach nicht mehr direkt mit ihr darüber gesprochen, habe aber am Programm des Zentrums gesehen, dass der Pastor seitdem nicht mehr eingeladen worden war. Später wurde er versetzt und ich las in einer sehr bekannten evangelikalen Zeitschrift, dass „der Herr ihn woanders hingeführt habe". Hanebüchen! Das ist in christlichen Kreisen so – da kann man alles vergeistlichen.

In anderen Fällen von missbräuchlichem Umgang mit Jugendlichen und mit Sexualität haben die Dekane, die ich darüber informierte, kläglich versagt. So wie diese Religionslehrerin damals könnten aber andere Lehrer, Pfarrer, Sporttrainer und alle, die mit Jugendlichen zu tun haben, versuchen einen Weg zu finden, um Jugendliche zu schützen und Verdachtsfällen nachzugehen. Ich denke, es braucht eine Instanz in jeder Kirche, die solche Vorfälle prüft und dafür sorgt, dass einschlägig bekannte Pfarrer keinen Zugang mehr zu Jugendlichen haben dürfen. In allen von mir gemeldeten Situationen hätten die Verantwortlichen die Gelegenheit gehabt, Stellung zu beziehen und Grenzen zu setzen, um Minderjährige und Schutzbefohlene zu schützen. Stattdessen stand ich als Vikarin und junge Pfarrerin allein da und nichts ist passiert.

Solange wir nicht über Missbrauch reden und dann dementsprechend handeln, setzen wir, wie bei konzentrischen Kreisen, dem System des Schweigens immer noch einen Kreis hinzu. Was würde denn passieren, wenn wir darüber redeten? Ich denke, es würde mehr Tätern das Handwerk gelegt. Wieso sollten wir uns aus falsch verstandener Rücksicht gegenüber der Kirche auf die Seite der Täter stellen? Der „Sache des Herrn" dient man mit Wahrhaftigkeit weitaus mehr. Wir müssen uns auf die Seite der Schutzbefohlenen, der Minderjährigen stellen. Wenn etwas passiert, was nicht gut ist, müssen Grenzen gesetzt werden. Im Strafvollzug passiert es gleichfalls, dass man sich viel mehr mit den Tätern beschäftigt als mit den Opfern. Wenn wir als Gesellschaft hinsehen und offen damit umgehen würden, würden wir an dieser Stelle einen Pflock einschlagen und die Kette unterbrechen. Dann würde auch der Kreislauf unterbrochen, der aus Opfern Täter macht, die wiederum Opfer produzieren, die ebenfalls zu Tätern werden und so weiter. Aus der Perspektive der Opfer gesehen, würde ich sagen, darüber zu reden führt dazu, dass mehr Menschen aus ihrem Gefängnis herauskommen können. Jedes Darüber-Reden bringt ein bisschen mehr Licht herein. Mehr Frauen, und auch Männer, könnten aufrecht stehen. Ich fange an, in Vortragsveranstaltungen oder Seminaren abzuzählen, wie viele „betroffene" Frauen im Raum sind. Eine befreundete Autorin sagte neulich, eigentlich dürften wir nicht mehr über Missbrauch an sich sprechen, sondern sollten uns bewusst machen, dass immer Betroffene im Raum sind. Hier gilt ebenfalls wieder: „There is an elefant in the room." Ob das ein positiver Ansatzpunkt der #MeToo-Debatte ist?

Inzwischen unterscheide ich zwischen Kirche und Glaube. Im Nachhinein würde ich sagen, dass es so etwas wie eine schützende Hand über mir gegeben hat. Es hätte alles noch viel schlimmer kommen können. In meiner Kindheit sind wir weggezogen aus dem Ort, wo der Flötenlehrer lebte. Auch beim Missbrauch in der Seelsorge wurde ich bewahrt. Es hätte viel mehr passieren können. Ich weiß, dass andere Frauen Schlimmeres erlebt haben mit dem Pastor damals. Es gab einige, die sich in ihrer Verzweiflung selbst verletzt oder Suizidversuche unternommen haben. Heute würde ich sagen, der Glaube an Jesus hat mir Selbstvertrauen gegeben und Persönlichkeitswachstum ermöglicht. An dem neuen Wohnort war eine Schülerin, fünf Jahre älter als ich, die eine Jungschar in unserer Gemeinde leitete – mit Singen, Spielen, Basteln, Geschichten aus der Bibel oder darüber, was Kinder in anderen Ländern mit Gott erlebt haben. Wegen ihr wechselte ich sogar die Jungschargruppe und legte mein Leben ganz bewusst in Gottes Hand. Ich habe mich geöffnet und gespürt, Gott liebt ja sogar mich. Gott liebt Kinder. Heute würde ich sagen, es hat mir an Liebe und Annahme gefehlt. Dass Gott mich liebt, hat mich so angesprochen, dass ich ihm im Gebet mein Leben anvertraut habe. Ich habe regelmäßig in der Bibel gelesen und mir ist Vieles aufgegangen. Ich weiß noch, dass ich mich viel selbstbewusster fühlte, als ich in den Jugendkreis ging. Ich habe gemerkt, ich bin ja jemand und ich konnte anders mit Sachen umgehen. Und dann irgendwann, an dem neuen Wohnort, haben endlich die Flashbacks aufgehört. Ich denke nicht, dass dann alles gut war. Eine Seelsorgerin hat mir einmal gesagt, dass sich im Psychischen und Geistlichen wie bei einer Zwiebel Schichten übereinanderlegen und dass man da irgendwann mal ran muss. Für mich ist der Glaube eine lebendige Beziehung mit Gott. Eine Zwiesprache auch, wenn ich bete. In meinem Arbeitszimmer, das eher ein Meditationsraum ist, sitze ich oft auf meinem Kniebänkchen und meditiere das Herzensgebet oder Jesusgebet, eine Art schweigendes Gebet. Man sagt auch, „mit dem Körper beten". Wie bei einer Meditation richtet man sich auf, atmet, konzentriert sich, lässt die Gedanken vorbeiziehen. Beim Herzensgebet kommt nun ein Gebetssatz hinzu. Entsprechend dem Atemrhythmus meditiert man die Worte, „Herr Jesus Christus, erbarme dich meiner" oder einen anderen Satz. Man betet mit dem Körper und schweigt und hört und lässt vielleicht nur ein Wort, zum Beispiel das Wort „Jesus", durch sich durchklingen. Ich mache das mehrmals die Woche, meist eine halbe Stunde lang. Das ist eine ganz andere Art zu beten, als ich das früher praktiziert habe. Ich denke dieses Beten mit dem Körper, ist für mich zugleich etwas Heilendes. Ich habe das ganz genau gefühlt, als ich einmal das Wort „Maria" erspürt und durch meinen Körper fließen lassen habe. Das ging durch und durch, durch alle Organe, mein ganzer Körper hat reagiert. Und alles, was verkrampft war, hat sich gelöst und alles, was seine Funktion nicht erfüllen wollte, hat plötzlich „gesprochen". Selbst wenn man oft im einzelnen Gebet nichts spürt, findet doch auf lange Sicht im Gebet Heilung statt – das glaube ich inzwischen. Obwohl man da bestimmte Sachen nicht so direkt anspricht, wie in einer Therapie zum Beispiel, wird da irgendetwas geöffnet und umgeformt oder geheilt. Mein Glaube ist gewachsen und hat sich immer wieder sehr verändert. Jetzt ist es ein ganzheitlicher Glaube geworden. Und Gott sei Dank, bin ich nicht vom Glauben abgefallen, obwohl ich so viel Negatives in der Kirche erlebt habe. Im Gegenteil, mein Glaube ist tiefer geworden. Heute kann ich das ganz nüchtern sehen: Christen sind Menschen, die Entscheidungen treffen und manchmal Fehler machen, ihr Amt missbrauchen oder sich hinter kirchlichen Strukturen verstecken. Natürlich macht mich das immer wieder fassungslos, aber es nimmt dem Glauben an Gott nicht seine Legitimation. Die Struktur Kirche habe ich inzwischen verlassen, bin aus dem Pfarramt ausgestiegen und habe auf meine Pensionsansprüche verzichtet. Finanziell war das eine ungünstige Entscheidung für mich. Aber es war ein wichtiger Glaubensschritt zu sagen, ich vertraue auf Gott. Ich weiß noch nicht was und wie etwas wird und ob ich noch einmal etwas in der Öffentlichkeit machen werde, aber so wollte ich es nicht mehr. Jesus hat gesagt, ich bin der Weg, die Wahrheit und das Leben. Und so denke ich das auch. Mit Vertrauen werden sich die Dinge fügen.

Was hat mir neben meinem Glauben geholfen? Sport, Sauna, Massage und Tanzen haben mir geholfen, ein positives Körperbewusstsein aufzubauen. Früher hat der Körper in meiner Wahrnehmung nicht existiert und jetzt existiert er. In der Reha, in der ich nach meiner Brustkrebserkrankung vor zweieinhalb Jahren war, habe ich ein positives Verhältnis zum Sport entwickelt. Seitdem gehe ich zum Reha-Sport und habe entdeckt, dass in meinem Heimatort jemand meditative und heilende Tänze anbietet. Und auch die Brustkrebserkrankung selbst hat mich viel mehr zu mir selbst, zu meinem Körper und zu meiner Weiblichkeit gebracht. In der Reha habe ich mir ein Dirndl gekauft. Früher hätte ich das nie getan, ich habe immer gedacht, „nur über meine Leiche". Später ging mir auf: Mit dem Dirndl habe ich mein Leben gefeiert. In der Krebs-Sportgruppe ermutigen wir uns gegenseitig. Wir sagen: „Hör auf dich, hör auf deinen Körper", „ach komm, lass die anderen machen." Ich bin dadurch mit Menschen zusammengekommen, die ganz andere Schwerpunkte in ihrem Leben setzen.

Dann Entspannungsübungen aller Art, geführte Meditationen, die Natur, Wandern, Pilgern, Musik, Singen, Malen und Kreativität insgesamt, um Gefühle auszudrücken. Davon möchte ich mehr tun. Eine Therapie wurde nicht bewilligt. Vor über 20 Jahren markierten Burnout und Reha einen Einschnitt in meinem Leben. Da entdeckte ich, dass es ein „Selbst" gibt und fing an, mich mehr mit mir selbst zu beschäftigen. In dem Klostergarten, wo die Reha stattfand, gab es ein Kräuterbeet, das in Form eines Labyrinths angepflanzt war. Es lud ein, meditativ bis zur Mitte zu wandeln und zurück. Das tat ich sechs Wochen lang. Außerdem hat die psychologische Ausbildung in Afrika geholfen. Die Solidarität und kreative Begegnungen mit Frauen hier und auf der ganzen Welt. In Südafrika zum Beispiel durchtanzt man Probleme, Krisen und schwierige Themen, bis man eine Lösung findet. Oder eine Frauen-Retreat in Griechenland, das meine Schwester und ich mit organisieren. Der Glaube und eine lebendige Spiritualität, die den Körper mit einbezieht, helfen. Forschen in der Familiengeschichte, Pilgern zum Geburtshaus meiner Mutter und dem Grab meines Großvaters, eine Fahrradtour zum damaligen Wohnort und Haus des Flötenlehrers. Um stabil zu bleiben, ist es mir heute wichtig, bei mir selbst zu Hause zu sein und gut für mich selbst zu sorgen. Mein Partner ist sehr wichtig – eine meiner größten Ressourcen. Ebenso der intensive und offene Austausch mit meinen Schwestern, Familie und Freunden, aber auch Stille und Zeit für mich.

Ich denke inzwischen, vollkommene Heilung gibt es in diesem Leben nicht. Es ist gut, wenn ich im Prozess bin. Und vieles hat sich ja schon sehr gebessert. Ein Psychologe und Pater, der viele bewegende Bücher geschrieben hat, Henri Nouwen, hat vom „wounded healer" geschrieben. Das ist für mich ein schönes Bild. Ich werde vielleicht immer Schwierigkeiten haben, mich abzugrenzen. Und vielleicht wird das mit der Sexualität immer ein bisschen schwierig bleiben. Vielleicht ist das einfach so. Aber ich bin ja nicht allein. Und wenn ich daran denke, wie zum Beispiel andere Frauen mit einer verstümmelten Vagina leben müssen und bei jedem Toilettengang daran erinnert werden, ganz zu schweigen von Sexualität und Geburt. Wie viele sind an ihren Erlebnissen zugrunde gegangen. Vielleicht bleibt immer etwas zurück, aber es ist gut, dass sich schon ganz viel getan hat und dass ich auf dem Weg bin und dass ich nicht alleine bin.

Ich dachte bis Anfang 40, das Glück ist nur für andere da. Außerdem komme es beim Christsein sowieso nicht aufs Glücklichsein an. Heute geht es mir noch so, dass ich eine Art „survivor's guilt", die „Schuld der Überlebenden", empfinde, weil ich nicht mit so schlimmen Erinnerungen kämpfen muss und ich mich bis vor wenigen Jahren nicht als Opfer gefühlt habe. Und, weil es mir so gut geht oder ich mich nicht totarbeiten muss, wie viele meiner Freunde oder Kollegen. Heute bin ich zufriedener, glücklicher und dankbarer denn je. Die längste Strecke meines Lebens habe ich gebraucht, um da hinzukommen. Seit unserer Zeit in Afrika und seit ich mit meinem Mann verheiratet bin, kann ich das Leben besser genießen. Ich lebe sehr intensiv und sehr bewusst. Und auch da hilft mir das Meditieren, mit oder ohne ausdrückliches Gebet. Das führt einen in den Augenblick hinein. Es braucht nicht viel zum Glücklichsein! Manchmal denke ich: „Jetzt sitze ich hier, strecke die Füße aus und esse einen Apfel. Was brauche ich mehr?" Oder ich sitze auf meinem Lieblingsplatz und denke, „ich sitze hier und gucke aus dem Fenster, ich lebe, ich lebe. Ich lebe und das ist doch viel wichtiger, als alles andere". Ich habe eine kleine Übung, die hilft mir, mir das immer wieder bewusst zu machen. Die mache ich schon seit Jahren. Jeden Abend frage ich mich: Was habe ich heute gut gemacht, mindestens fünf Dinge! Und was hat mir heute gut getan, mindestens zwei Dinge! Meistens kommen viel mehr Punkte zusammen. Und sehr erstaunlich: Mit der Zeit lobe ich mich immer öfter für Dinge, die ich nicht getan bzw. gelassen oder anderen überlassen habe. Vor einem Jahr wies mich ein Psychologe nach den drei vorgeschriebenen Vorgesprächen zurück, weil ich „erfolgreich, glücklich und gesund" sei. Er könne beim besten Willen keine Störung bei mir feststellen und fände nichts zu therapieren. Manchmal vergleiche ich mich mit anderen und denke, ich sollte mich längst selbständig gemacht haben oder ich habe „nichts aufzuweisen". Aber wenn ich ehrlich bin, ist mir das alles gar nicht mehr so wichtig. Das Sein zählt, mehr als Leistung oder Status. Mein Leben ist reich und rund und erfüllt. Ich habe sehr viel erlebt, bin glücklich verheiratet, habe intensive Beziehungen. Das Leben ist ein Geschenk.

Sonja

„Es ist wichtig, zu sehen, was ist."

Ich bin 47 Jahre alt, verheiratet und habe einen Sohn.

Am Anfang ist es mir wichtig, zu erklären, warum ich anonym mitmachen möchte. Es ist nicht, weil es mir peinlich ist. Früher wäre es das gewesen, aber heute nicht mehr. Wenn es Menschen peinlich ist, was ihnen passiert ist, ist es oft deshalb, weil sie noch nicht gelernt haben, dass sie keine Schuld haben. Ich weiß inzwischen, dass es nicht meine Schuld war. Mir geht es darum, dass meine Familie nicht hineingezogen und für immer kritisiert wird. Heute kann man ohnehin nicht mehr ändern, was passiert ist.

Ich kann den Missbrauch durch den Freund meiner Mutter nicht ohne Zusammenhang zu den sonstigen Misshandlungen sehen. Mir ist der Missbrauch passiert, aber da ich noch so viel mehr erlebt habe, habe ich nicht diese extremen Empfindungen dazu wie viele andere vielleicht. Wenn ein Kind permanent nur Hass und Gewalt erlebt und dann noch mit sieben Jahren der Missbrauch hinzukommt, stürzt nicht die Welt über einem ein, meine Welt war zu dem Zeitpunkt schon eingestürzt. Ich habe mich geekelt und wollte nicht, dass das passiert, dass er das mit mir macht, aber es war einfach eine Sache mehr, die jetzt noch dazukam.

Meine Eltern haben sich früh scheiden lassen. Beide waren Alkoholiker, wobei mein Vater es noch eher im Griff hatte als meine Mutter. Unter der Woche, wenn er arbeiten musste, hat er nicht getrunken, aber am Wochenende sind beide sehr oft in die Kneipe gegangen und haben sich zugekippt. Meine Mutter hingegen hat auch unter der Woche sehr viel getrunken. Sie war Hausfrau und ist nicht arbeiten gegangen. Sie durfte nicht, mein Vater wollte das nicht. In den 70er-Jahren war das noch so üblich und er durfte ihr das verbieten. Nach der Trennung wollte sie es aber dann selbst nicht und konnte es ja auch nicht, da sie immer getrunken hat. Wir waren fünf Kinder zu Hause, drei Jungs und zwei Mädchen. Ich war das jüngste Kind. Sie sollte sich eigentlich um uns Kinder kümmern, was sie aber nie gemacht hat. Mein jüngster Bruder, der ein Jahr älter ist als ich, war ihr Lieblingskind. Der hat alles bekommen. Bei mir war es leider nicht so. Im Gegenteil – schon von Geburt an habe ich keine Mutterliebe bekommen. Wenn überhaupt bin ich immer nur geduldet worden. Genauso von meinem Vater und von meinen Geschwistern. Meinen Geschwistern mache ich da keinen Vorwurf, die hatten ihre eigenen Probleme. Ich bin von Anfang an verwahrlost und sehr viel geschlagen worden.

In dem Kinderhort, in dem ich als kleines Kind schon war, haben sie mir später erzählt, dass ich oft klitschnass, voller Urin und Kot und ganz wund war. Meine Mutter hatte einfach meine Windeln nicht gewechselt und mich in den vollen Windeln stundenlang liegen lassen. Ein anderes Beispiel ist, dass ich bis zu meinem zwölften Lebensjahr ins Bett gemacht habe und meine Mutter hat mir die nasse, vollgepinkelte Unterhose in den Mund gesteckt. Meine Mutter hat mich gehasst. Der Grund war, dass ich sehr stark schielte. Meine Mutter ist in der Hitlerzeit aufgewachsen und hat gelernt, dass behinderte Kinder nichts taugen und sehr kostspielig sind. Als schielendes Kind galt ich als behindert und war ihr eine Last. Das hat sie mir immer wieder zu verstehen gegeben. Hinzu kam, dass ich auf Grund meines Schielens schon im Kindergarten, dann in der Schule und draußen auf der Straße gemobbt wurde. Ich hatte ganz wenige Freunde. Ich war auch bei den anderen Kindern bestenfalls nur geduldet.

Ich hätte meiner Mutter nie von dem Missbrauch erzählt, da ich wusste, dass sie mich hasst und mir sowieso nie geglaubt hätte. Ich habe mir gedacht, schluck es einfach runter wie so vieles andere, was dir nicht gefällt und irgendwann bist du alt genug und bist aus dem Haus und kannst alles vergessen. Was natürlich Quatsch war – solche Dinge vergisst man nicht. Aber als Kind war mir natürlich noch nicht klar, dass das Vergessen nicht geht. Irgendwann hat mein jüngster Bruder den Mann, den damaligen Freund meiner Mutter, dabei erwischt, wie er zu mir ins Bett kam. In unserer Wohnung, wo wir nach der Trennung meiner Eltern wohnten, gab es zwei Zimmer. Ein Wohn-Schlafzimmer, in dem meine Mutter und später dann ihr Freund schliefen und ein Kinderzimmer. Wir waren zu viert in dem Kinderzimmer, in zwei Etagenbetten. Mein mittlerer Bruder war im Erziehungsheim. Als mein Bruder, der Lieblingssohn meiner Mutter, nun mitbekommen hat, was da los war, hat er nicht sofort etwas gemacht, ist nicht aufgesprungen oder hat eingegriffen. Vielleicht hat er sich geschämt oder wusste nicht, was er tun sollte. Er war ja selbst noch ein Kind. Am nächsten Tag sagte er aber zu mir: „Sonja, du musst es unbedingt der Mama erzählen“. Ich habe geweint und gemeint: „Achim, du weißt ganz genau, dass das nicht funktioniert. Die Mama hasst mich und die wird mir nicht glauben. Sie wird mir sagen, ich mache das nur, um die beiden auseinanderzubringen". Und genau das passierte dann auch. Als wir es ihr auf Drängen meines Bruders dann doch gesagt haben, hat sie genau so reagiert, wie ich es erwartet hatte. Ich hatte ein bisschen Hoffnung, dass sie wenigstens meinem Bruder, ihrem Lieblingskind glaubt, wenn er sagt, dass er es mitbekommen hat. Aber sie meinte, ich würde gegen ihren Freund Rufmord begehen, ich solle das lassen und es würde mir sowieso niemand glauben. Außerdem hat meine Mutter mir gedroht, ich würde ins Erziehungsheim kommen, wenn ich diese Behauptung nicht zurücknehmen würde. Da wollte ich nun wirklich nicht hin, trotz der ganzen Situation zu Hause. Ich wusste ja von meinem mittleren Bruder, dass es im Heim noch schlimmer ist und ich hatte panische Angst da hinzukommen. Als sie meinte, ich solle doch zugeben, dass ich es nur gesagt hätte, um sie und ihren Freund auseinanderzubringen, habe ich gesagt: „Ja stimmt, du hast recht". Von da an habe ich einfach nur noch darüber geschwiegen. Mein Bruder hat dann ebenfalls nie wieder darüber gesprochen.

Ich hatte schon sehr früh Selbstmordgedanken, weil ich einfach keinen Ausweg gefunden habe. Irgendwann mit 14 Jahren habe ich gedacht, ich muss da weg, ich muss raus von Zuhause, sonst bringe ich mich irgendwann tatsächlich noch um. Das war nicht nur wegen des Missbrauchs, es war wegen der gesamten Situation – mein Zuhause, das Mobbing, ich hatte kaum Freunde, ich habe von anderen Erwachsenen keine Unterstützung bekommen, ich fühlte mich komplett alleine gelassen. Als Kind war ich eher still, ängstlich, schüchtern, habe nie Wiederworte gegeben und bin nie auf andere Menschen zugegangen. Ich habe spät lesen gelernt, da ich mich nie getraut habe, wenn ich Hilfe brauchte, jemanden zu fragen. Zu Hause wurde ich von meinen Eltern sowieso nicht unterstützt. In der Schule bin ich aufgefallen, weil ich nie meine Schulsachen dabeihatte. Und wenn ich mal drankam, habe ich wie verrückt gestottert und lange gebraucht, um die Buchstaben zusammenzusetzen. Aber unternommen hat keiner etwas. Ich habe Erwachsene später verachtet, weil ich gesehen habe, dass keiner die Augen aufmacht. Ich habe gedacht, die dulden das und es interessiert keinen, was da mit mir passiert. Die konnten zwar nicht wissen, dass ich missbraucht oder misshandelt wurde, aber sie haben mitbekommen, dass da etwas Schreckliches passiert. Sie haben ja auch auf der Straße gesehen, wie die anderen Kinder mit mir umgegangen sind. All das haben sie ja mitbekommen. Mit den wenigen Freundinnen – ich wurde aber auch unter ihnen nur geduldet, direkt Freundinnen im Sinne von Vertrauten hatte ich nicht – konnte ich ebenfalls nicht reden. Es gab ein Mädchen, das für mich meine beste Freundin war, weil ich mit ihr noch die meiste Zeit abgehangen habe. Wir haben manchmal zusammengesessen und mit Barbie gespielt. Aber das kam meist nur vor, wenn ihre anderen Freundinnen keine Zeit für sie hatten. Ich habe mich zwar bei ihr wohlgefühlt, aber auch bei ihr konnte ich mich nicht öffnen. Bis heute ist es für mich schwierig, Freundinnen, anderen Menschen zu vertrauen und ich bin eher erst mal distanziert.

Ich habe damals ständig über Selbstmord nachgedacht und es dann irgendwann tatsächlich versucht. Einmal, mit etwa zwölf, 13 Jahren, habe ich Tabletten genommen, die ich alle wieder ausgebrochen habe. Mit etwa 14 Jahren dann noch mal. Ich wusste nun, dass Tabletten nicht funktionieren und mir die Pulsadern aufzuschneiden, habe ich mich nicht getraut. Bei der Siedlung, wo wir damals wohnten, gab es eine Schnellstraße. Ich wollte dort über die Straße laufen und mich überfahren lassen. Ich habe mich in ein Gebüsch gehockt und gewartet bis ein Auto kam. Mein jüngster Bruder hat mich im letzten Moment zurückgehalten und mit mir geschimpft, wie leichtsinnig ich wäre, dass ich nicht die Ampel benutze. Ich hatte nicht einmal mitbekommen, dass er hinter mir war. Ich war nur noch auf die Autos fixiert gewesen und hatte die Welt um mich herum komplett ausgeblendet. Ich weiß bis heute nicht, ob ihm damals bewusst war, dass ich vorhatte vors Auto zu laufen. Mir war damals aber gleichzeitig klar, dass ich nicht wirklich den Wunsch hatte zu sterben. Ich wollte aus der Situation raus. Selbstmord war da für mich die einzige Option. Hätte es für mich eine andere Möglichkeit gegeben, hätte jemand zu mir gesagt, „schau mal, du musst das nicht machen, ich helfe dir und dann kommst du da raus“, hätte ich es nie versucht. Aber ich wusste ja, man mag mich nicht, man glaubt mir sowieso nicht. Also dachte ich, ich muss mir selbst helfen.

Später gab es eine Erzieherin im Hort in unserer Siedlung, die ich als Ersatzmutter angesehen habe. Sie war die einzige von allen in meinem ganzen Umfeld, die ich mochte, obwohl es lange gedauert hat, bis ich mit ihr warm wurde. Anfangs war ich oft sehr frech zu ihr, habe sie beschimpft und mich gegen sie gewehrt. Ich konnte ihr nicht vertrauen, dachte nicht, dass sie tatsächlich ernste Absichten mit mir hatte und mich mögen könnte. Ich wollte sie lieber wegstoßen, bevor sie mich enttäuscht. Für mich war das dann später auch so. Sie konnte keine Kinder kriegen und hatte vor ein Kind zu adoptieren. Mein Wunsch war, dass sie mich adoptiert. Und aus meiner Sicht hatte sie mir ein paar Signale gegeben, dass es so sein könnte. Ich durfte ab und zu bei ihr schlafen, immer zusammen mit einem anderen Kind aus dem Hort. Ich sollte immer ein anderes Kind mitnehmen und nicht immer das gleiche, damit auch andere die Chance hätten, bei ihr zu schlafen. Da ich aber immer mitdurfte, hatte ich die Hoffnung, sie würde mich adoptieren. Die Übernachtungen waren für mich wie ein Probelauf und ich hätte mich wahnsinnig gefreut, wenn sie mich genommen hätte. Am Ende hat sie jedoch ein anderes Mädchen aus einer anderen Familie, in der die alleinerziehende Mutter auch Alkoholikerin war, adoptiert. Jahre später habe ich sie dann mal gefragt, warum sie sich damals nicht für mich entschieden hat. Sie meinte, ich wäre zu dem Zeitpunkt schon kein Kind mehr gewesen, ich hätte mich schon sehr erwachsen verhalten. Ich habe sofort verstanden, was sie meinte. Aber damals war mir das natürlich nicht klar und ich war sehr traurig und sehr verletzt. Es fühlte sich für mich wie eine Ablehnung an. Ich glaube, das war einer der Gründe, warum ich mit 14 dann noch mal versucht habe, mir das Leben zu nehmen. Nicht wegen ihr an sich, sie traf ja keine Schuld. Es war einfach eine Sache zusätzlich, eine Sache zu viel. Nach der Schnellstraße ist mir aber sehr bald bewusst geworden, dass das Ganze total aus dem Ruder läuft. Das war nicht der Weg, den ich für mich gehen wollte. Ich habe dann mit der Erzieherin gesprochen und ihr gesagt, dass ich es zu Hause nicht mehr aushalte. Sie hat mir geholfen, von da wegzukommen.

Der Missbrauch ging einige Jahre lang. Er ging früh los, als ich etwa sieben war. Der Freund meiner Mutter hatte zwar eine eigene Wohnung, aber er ist sehr oft zu meiner Mutter gekommen und hat bei uns geschlafen. Wir sind irgendwann mal aus der zu kleinen Wohnung ausgezogen. Es war klar, dass das auf Dauer nicht geht mit den zwei Zimmern. Mein ältester Bruder hat dann eine eigene Wohnung bekommen. Und wir übrigen drei Kinder haben jeweils ein eigenes Zimmer gehabt, meine Mutter ein Schlafzimmer getrennt vom Wohnzimmer. Der Freund meiner Mutter kam weiterhin regelmäßig zu Besuch. Er hat nicht immer, aber relativ oft bei uns geschlafen. Und in der neuen Wohnung ist er weiterhin nachts in mein Zimmer gekommen. Es hat mich lange, lange beschäftigt, wie es sein kann, dass eine Mutter das alles nicht mitbekommt. Er ist zwar nicht die ganze Nacht bei mir geblieben, aber doch lang genug, dass man nach so vielen Jahre irgendwann doch etwas merken muss. Da wird man doch mal wach oder muss mal auf die Toilette und man merkt doch, dass der Freund nicht neben einem liegt. Es ist ja vielleicht okay, wenn man sein Kind nicht mag, aber so gar nichts mitbekommen? Erst recht, nachdem ich wenigstens versucht hatte, es ihr zu sagen.

Ich habe lange nicht verstanden, dass mich meine Mutter, obwohl sie meinte, dass ich ihren Freund in Verruf bringen wollte, immer zu ihm in die Wohnung geschickt hat. Immer, wenn sie Zigaretten, Alkohol oder Geld haben wollte, musste ich zu ihm gehen und die Sachen holen. Da hat er mich dann auch missbraucht. Ich habe immer gedacht, dass ich, selbst wenn ich mein Kind hasse und ihm kein Wort glaube, doch wenigstens meinen Freund schützen und keine weiteren Gelegenheiten für „falsche" Behauptungen schaffen würde. Sie hätte doch genauso gut eines meiner anderen Geschwister schicken können. Jahre später, als mein Sohn etwa sechs Jahre alt war, war ich wegen eines Bandscheibenvorfalls in einer Reha und habe das erst Mal mit einer Psychologin über den Missbrauch gesprochen. Die hat dann die Vermutung ausgesprochen, dass meine Mutter mich regelrecht verkauft hat.

Ich war vorher schon einmal bei Psychologen gewesen und habe über die Gewalt und die Alkoholkrankheit meiner Mutter gesprochen, aber nie über den Missbrauch. Dieses Thema wollte ich nie wieder anpacken. Dass ich mich dieser Psychologin bezüglich des Missbrauchs öffnen konnte, hatte damit zu tun, dass sie in einem Vorgespräch gesagt hat, dass man Alkoholiker und Menschen, die gewalttätig sind, nicht einfach verurteilen darf. Dass auch sie Gründe haben, warum sie so geworden sind, wie sie sind. Ich wusste zwar, dass das mit meiner Mutter wirklich schlimm war, aber ich wollte nie, dass andere Leute schlecht über sie oder über meine Familie reden und über sie urteilen. Wenn andere gesagt haben, „was hast du denn da für eine Mutter?", habe ich sie trotzdem immer in Schutz genommen. Und als die Psychologin das damals so sagte, hat mich das sehr fasziniert und ich wusste, dass ich mit ihr über alles reden kann. Sie würde meine Mutter nicht kritisieren und, was mir noch viel wichtiger war, sie würde mit mir nach Lösungen suchen. Ich wollte keinen Therapeuten oder eine Therapeutin, die mir sagt, „oh, du Arme". Ich wollte verstehen, warum es so gewesen ist, wie es gewesen ist. Ich hatte bis dahin schon viel gelesen, keine hochgeschraubten Fachbücher, aber solche mit einem psychologischen Hintergrund. Ich wollte nicht lesen, was anderen Leuten passiert ist, das hat mich zu sehr deprimiert. Es hat mir zwar ein wenig geholfen, zu wissen, dass ich nicht die einzige bin, der so etwas passiert ist. Aber das war nur ein kleiner Teil. Wichtiger war für mich zu wissen, wie ich aus den negativen Gefühlen rauskomme. Und ich wollte wirklich verstehen, warum solche Sachen passieren. Ich habe schon als Kind immer nach dem „Warum" gefragt und nach Antworten gesucht. Ich wollte einen Weg finden, glücklich zu sein und wirklich zu leben. Ich wollte Antworten haben. Und bei dieser Psychologin hatte ich das Gefühl, dass sie die Dinge anders hinterfragt und mir andere Sichtweisen zeigen konnte. Ich bin der Überzeugung, dass man nur anders handeln kann, wenn man aus seinen oder den Fehlern anderer gelernt hat. Nur dann kann man sich anders verhalten.

Dass der Missbrauch für mich überhaupt doch ein Thema ist, ist mir erst sehr spät klar geworden. Sogar als ich mit einer Freundin, die ich im Kindergarten meines Sohnes kennengelernt habe, darüber gesprochen habe, dachte ich, das geht mich nichts an. Ich habe nicht aktiv eine Freundin gesucht, mit der ich darüber reden kann. Es hatte sich einfach zufällig so ergeben. Und sogar als sich rausstellte, dass sie ebenfalls Missbrauchserfahrungen hatte, dachte ich, das Thema belastet mich nicht. Ich hatte eine Art Mauer um mich, es war, als würde ich über jemand anderen reden. Als mein Sohn dann in der Grundschule war, gab es dort eine Aufführung. Es ging darum, dass Kinder lernen sollten, Nein zu sagen und welche Folgen es haben kann, wenn Erwachsene ein Nein bei Kindern nicht akzeptieren. Ich saß in der Aufführung und merkte, wie ich immer mehr von meinem Stuhl rutschte. Plötzlich war ich wieder mittendrin im damaligen Missbrauch, ich war wieder das Kind. Ich wollte gar nicht mehr zuhören. Ich hätte so heulen können und musste mich in dem Moment so zusammenreißen. Ich kann das Gefühl von damals kaum wiedergeben, ich dachte, ich ersticke. Ich konnte dann auch zu Hause mit meinem Mann erst gar nicht darüber reden, ich war wie erstarrt. Da wurde mir klar, dass ich das alles gar nicht verarbeitet hatte. Ich dachte: „Okay, du bist zwar verheiratet und hast ein Kind, aber du hast es noch nicht verarbeitet." Bis dahin hatte ich den Missbrauch eher verdrängt. Kurz danach hatte ich dann meinen Bandscheibenvorfall, bin in die Reha gefahren und habe dort die Psychologin getroffen und bis zum Ende der Reha ein paar Stunden Therapie bei ihr gehabt.

Nach der Reha habe ich meine Familie dann noch mal mit allem konfrontiert. Ich habe mit meinen anderen Geschwistern offen darüber geredet und es war eine große Enttäuschung für mich, dass sie mir nicht geglaubt haben. Vor allem meine Schwester war in meiner Familie die wichtigste Person für mich. Es hat mich sehr verletzt, als sie mir sagte, dass sie mir nicht glauben kann, da sie ja nicht dabei war und es keine Beweise dafür gibt. Ich konnte nicht verstehen, dass sie dachte, ich würde lügen. Sie kannte mich ja von klein auf und war so etwas wie eine Stütze für mich. Von ihr habe ich einfach eine ganz andere Reaktion erwartet. Und mein ältester Bruder meinte, dass ich es ja vielleicht gewollt habe, weil ich so lange nichts gesagt habe und mich nicht gewehrt hätte. Ich habe eine Zeit lang darüber nachgedacht, ob ich dem Mann nicht gewollt, aber unbewusst ein Signal gegeben habe, damit er mich beschützt. Ich habe gedacht, ich sei selbst schuld gewesen. Heute weiß ich, dass das nicht so war. Es ist wirklich heftig und erniedrigend, wenn man so etwas von seiner eigenen Familie zu hören bekommt. Es ging in den Gesprächen nur darum, was ich damit meiner Mutter antue, wenn ich darüber rede. Sie sei doch eine alte Frau und ich müsse sie eher beschützen, sie würde das nicht ertragen, wenn ich jetzt die ganze Familie in Verruf bringe. Keiner hat darüber geredet, wie es mir gegangen ist und welche Auswirkungen das für mich hatte. Aber es hat auch niemand gesagt, dass meine Mutter früher viel Leid erlebt hat und Hilfe gebraucht hätte. Und wenn sie die schon früher nicht hatte, dass man wenigstens heute schaut, wie man ihr helfen kann. Keiner hat daran gedacht. Meine Mutter streitet bis heute ab, dass sie von all dem gewusst hätte. Erst vor wenigen Jahren habe ich den Kontakt zu meiner Mutter abgebrochen. Trotz allem hatte ich all die Jahre noch Kontakt zu ihr. Das ist etwas, von dem ich im Nachhinein sage, dass das ein Fehler war. Dass es viel zu lange gedauert hat, bis ich dann doch endlich den Kontakt zu ihr abgebrochen habe. Erst die letzte Therapie, die ich gemacht habe, hat mir dabei geholfen.

Ich habe den Freund meiner Mutter nie so sehr verurteilen können, weil ich ihn als kranken Menschen gesehen habe. Ich habe neben vielen Sachbüchern über Alkoholiker viele Bücher über Pädophile gelesen. Ein Mensch, der pädophil ist und das einem Kind antut, der macht sich nicht die Gedanken, dass er das Kind verletzten will. Er hat ein Problem, eine Art Sucht, er ist krank und braucht Hilfe. Hier sind vor allem die Eltern gefragt, aufzupassen, dass ihren Kindern nichts passiert. Meine Mutter hätte mich schützen müssen. Ich bin selbst Mutter und für mich ist es überhaupt keine Frage, dass ich mich sofort schützend vor meinen Sohn gestellt hätte. Ich war sehr empfindlich und habe sehr auf ihn geachtet. Manchmal habe ich böse Absichten gesehen, wo vielleicht gar keine waren. Und vielleicht habe ich es manchmal übertrieben und habe meinen Sohn zu sehr eingeschränkt. Ich habe ihn immer zur Schule gebracht und wieder abgeholt vor lauter Angst, dass ihm etwas passieren könnte. Als eine Lehrerin mich mal darauf angesprochen und mir gesagt hat, ich solle das nicht tun, er müsse selbstständiger werden, war mir das so was von egal. Sein Schutz ging vor und ich wollte nie, dass ihm das passiert, was mir passiert ist. Ich hätte auch nie zugelassen, dass er gemobbt wird. Ich habe es einfach als meine Pflicht gesehen, auf ihn aufzupassen. Ich habe erst losgelassen, als mein Sohn alt genug war und gesagt hat: „Mama ich will nicht mehr, dass du mich abholst, ich kann das alleine." Ich glaube, Menschen, die nicht solche Erfahrungen gemacht haben, können nicht nachvollziehen, was da mit einem passiert. Erkläre mal einem Menschen, der seit Geburt blind ist, wie Farben aussehen.

Obwohl heute in der Gesellschaft viel mehr über das Thema Missbrauch gesprochen wird als in noch in den 70er-Jahren, wird es immer noch von vielen Familien geleugnet. Es wird immer noch nicht darum gekämpft, dass es nicht weiter passiert. Meist geht es immer lediglich darum, dass Familien nach außen gut dastehen. Es geht mir nicht darum, diese Familien einfach nur zu kritisieren. Aber man muss doch hinsehen und auch dem Pädophilen helfen, damit er nicht weiter Kinder missbraucht. Es ist natürlich wichtig zu sagen, dass er eine Straftat begangen hat und dafür zu sorgen, dass er angezeigt wird. Aber Pädophilie ist eine Krankheit und man muss gucken, wie man jemandem helfen kann, damit sich das nicht immer weiter fortsetzt.

Für mich ist es schwierig, den Missbrauch als sexuelle Gewalt zu sehen und zu bezeichnen. Ich benutze ganz bewusst das Wort Missbrauch. Ich unterscheide da. Für mich bedeutet Gewalt, dass auch körperliche Gewalt, Schläge oder Schmerzen hinzukommen, dass mir jemand wehtut. So, wie mir meine Mutter körperlich wehgetan hat. Der Freund meiner Mutter hat mich nie geschlagen. Es war wie ein Stillschweigen, dass er all die Jahre bei mir machen konnte, was er wollte, weil er mich andererseits immer vor meiner Mutter beschützt hat. Wenn sie einen Ausraster hatte und mich schlagen und mich schlecht machen wollte, hat er sich vor mich gestellt. Natürlich habe ich ihn dafür gehasst, dass er das mit mir macht und ich habe mich geekelt. Er hat meine Schwäche missbraucht – da steckt für mich der Missbrauch drin – aber ich kann es einfach nicht als Gewalt sehen. Für mich war es so, dass ich das Gefühl hatte, dass ich das erste Mal in meinem Leben Zuwendung bekommen habe. Auch wenn mir das alles nicht gefiel und er das ganz deutlich gemerkt und gewusst hatte, dass ich das alles nicht wollte, dachte ich trotzdem, besser so, als gar keine Zuwendung. Ich habe das alles einfach so hingenommen, weil wenigstens er zu mir gehalten hat, wenn er da war. Wenn alles vorbei war, habe ich mich immer wie wahnsinnig gewaschen und geschrubbt, weil ich mich so schmutzig gefühlt habe.

Es hat lange gedauert, bis ich Freude beim Sex empfinden konnte. Durch den Missbrauch war für mich lange klar: Wenn ich etwas haben möchte, muss ich auch etwas geben. Für Schutz oder Zuneigung musste ich meinen Körper geben, ob ich wollte oder nicht. So war das jahrelang für mich in Beziehungen. Bei jedem Freund, den ich hatte, hat es für mich überhaupt keine Rolle gespielt, ob ich Lust hatte. Ich habe den Tausch Körper gegen Liebe akzeptiert. Das war ja, was ich gelernt habe als Kind. Entscheidend war nur, was der Mann wollte. Was sexuelle Gleichberechtigung bedeutet, habe ich erst später bei meinem Mann gelernt. Aber bis heute kann ich den Geruch von Schweiß nicht ertragen. Nicht einmal meinen eigenen. Wenn ich Freude am Sex haben möchte, muss der Mann vorher duschen und ein Deo benutzen. Das ist natürlich schade, weil Sex und Lust ja eine spontane Sache ist und nichts Geplantes. Mein Mann versteht das und akzeptiert, dass das so ist, dass ich mich nur fallen lassen kann, wenn er sich erst gründlich wäscht und wir uns auch nach dem Sex sofort waschen müssen, damit ich durch Körpergeruch nicht an früher erinnert werde. Ich sehe schon, dass das eigentlich eine Belastung ist, aber das habe ich nie überwinden können. Was ich aber überwunden habe: Ich habe lange keine großen Männer leiden können. Die waren für mich immer eine Bedrohung, sie haben mich wohl immer an den Freund meiner Mutter erinnert. Wenn man sich mal die Relationen von einem siebenjährigen Mädchen zu einem erwachsenen Mann anschaut, ist das irgendwie logisch. Bei kleineren oder gleich großen Männern hatte ich hingegen das Gefühl, dass ich im wahrsten Sinne auf Augenhöhe bin und dass ich mich im Zweifelsfalle wehren könnte. Dieses Problem habe ich heute bewältigt und ich habe darüber zugleich gelernt, Männer nicht alle in eine Schublade zu stecken und in jedem Mann eine Bedrohung zu sehen. Ich habe gelernt, dass es auch Männer gibt, die andere Männer hassen und verachten, die so etwas tun. Mein Mann ist so. Er verachtet Männer, die so etwas einem Kind oder anderen Frauen antut. Und nebenbei – mein Mann ist genauso groß wie ich. Es war wichtig für mich, dass mein Mann mich so akzeptiert hat, wie ich bin. Wenn ich mal keine Lust auf Sex hatte, hat er es verstanden und er war nie beleidigt, wenn ich ihn gebeten habe, erst einmal duschen zu gehen. Er hat es nie als Kritik an seiner Person verstanden. Frühere Freunde waren da schon mal beleidigt oder hatten nicht genug Selbstbewusstsein, um das auszuhalten. Es ist sicher zudem wichtig, dass der Partner seine eigene Geschichte bewältigt hat. Wenn das nicht so ist, wird er immer wieder an seine eigene Geschichte erinnert und es wird immer wieder starke Reibungspunkte in der Beziehung geben. Man sollte ja meinen, dass Partner, die das Gleiche oder Ähnliches erlebt haben, mehr Verständnis haben, und dass man sich erst recht gegenseitig unterstützen kann. Ich glaube das heute nicht mehr. Ich glaube, das ist reines Wunschdenken. Wenn man aber einen Partner hat, der selbstbewusst ist, der mit beiden Beinen fest auf dem Boden steht, dann gibt er dir Halt. Die Ehe mit meinem Mann ist in meinem Bewältigungsprozess eine der größten Hilfen, die ich hatte. Ein Therapeut gibt dir ein paar Stunden die Woche, aber dein Partner ist tagtäglich um dich herum. Ich habe diese jahrelange Intimität und Kontinuität um mich herum gebraucht. Egal wie viel Therapien man macht, egal mit wie vielen Leuten man sich austauscht – es wird immer Momente geben, die mich an früher erinnern. Ich weiß, dass ich immer mal wieder leiden werde und traurig sein werde. Die Traurigkeit, keine Kindheit gehabt zu haben, die Traurigkeit zu wissen, dass ich keine Familie habe, die zu mir hält und mir Hilfe gibt, die lässt mich nicht mehr los. Aber ich bin nicht mehr so verzweifelt und ich weiß, ich komme klar. Man lernt, damit umzugehen und heute habe ich einen Partner, mit dem ich darüber reden kann.

Neben meinem Mann und den Therapien hat mir vor allem geholfen, dass ich all diese Fachbücher gelesen und mich mit dem „Warum" auseinandergesetzt habe. Es war wichtig, alles auch mal von der anderen Seite zu sehen. Nicht nur mich in den Mittelpunkt zu stellen und nur mich als die Arme, die Betroffene zu sehen, der keiner zuhört. Wenn man traurig ist, ist man wie in Trance, baut eine Mauer um sich herum und nichts anderes interessiert einen mehr. Ich habe dann angefangen, mich zu fragen, was ich tun würde, wenn ich „die Mutter" wäre? Warum kann es dazu kommen, dass eine Mutter so ist, wie sie ist? Und ich wollte wissen, was mit demjenigen ist, der so etwas tut. Was empfindet der? Es ist oft schlimm, sich in die Lage so einer Mutter zu versetzen und sich als so eine Mutter zu sehen. Aber der Rollenwechsel hat mir geholfen.

Wir denken oft von uns selbst, wir sind perfekt und machen keine Fehler. Erst habe ich ja immer gedacht, es sei meine Schuld gewesen, dass das alles passiert ist. Als ich dann kapiert hatte, nein, es ist eben nicht meine Schuld, habe ich gedacht, warum sind denn alle anderen so böse? Und ich finde es falsch, so zu denken. Natürlich waren das alles schlimme Dinge, die meine Mutter und ihr Freund getan haben, gar keine Frage, aber sie machten das nicht mit böser Absicht. Wie ich eben schon mal gesagt habe, Pädophile sind krank, es ist wie eine Sucht, sie brauchen Hilfe. Alkoholiker auch. Natürlich kann man die beide Krankheiten nicht wirklich vergleichen. Und wenn man so wie meine Mutter in der Hitlerzeit groß geworden ist und gelernt hat, dass Behinderte nichts taugen, dann ist das wie eine Gehirnwäsche. Meine Mutter hat da fest daran geglaubt. Außerdem ist sie Analphabetin und hat sich nicht durch Lesen informieren oder anders Hilfe holen können. Als mir all solche Dinge klar geworden sind, habe ich aufgehört nur mich in der Opferrolle zu sehen. Wir machen alle Fehler. Und bei meinem Sohn habe ich garantiert ebenfalls Fehler gemacht und ich hoffe, dass er später mal genauso nicht nur meine Fehler sieht, sondern auch hinterfragt, warum ich etwas falsch gemacht habe. Dass er versucht, die Ursachen zu erkennen. Das spricht niemanden von seinen Handlungen frei. Mir hat es jedenfalls geholfen, zu sehen, dass das damals alles überhaupt nichts mit meiner Person zu tun hatte, sondern eher mit der Vorgeschichte oder dem Hintergrund meiner Mutter. Wenn mein Bruder derjenige gewesen wäre, der geschielt hätte und nicht ich, dann hätte er alles abbekommen, nicht ich. Es ist wichtig, die Zusammenhänge zu sehen und dass man lernt, Verständnis für andere zu haben. Ich möchte ja auch nicht in eine Schublade gesteckt und nur als Opfer gesehen werden. Wenn ich das für mich in Anspruch nehme, dann muss das genauso für andere Menschen gelten. Und wenn ich verstehe, warum jemand so gehandelt hat, heißt das aber auf keinen Fall, dass ich das zugleich verzeihe. Verziehen habe ich das alles meiner Mutter und ihrem Freund bis heute nicht. Muss ich auch nicht.

Bis heute ist Musik und tanzen sehr wichtig für mich. Schon als Kind habe ich viel Musik gehört und Tanzfilme geliebt. „Dirty Dancing“ war einer meiner Lieblingsfilme. Wenn ich Musik gehört habe, habe ich alles um mich herum vergessen können. Ich war in einer anderen Welt, ich war ein ganz anderer Mensch. Und Musik hat mir geholfen, mich selbst spüren zu können. Ich konnte all die traurigen Gefühle zulassen. Ich hatte ja niemanden, mit dem ich über meine Gefühle reden konnte, um sie rauszulassen. Ich habe oft geweint, wenn ich Musik gehört habe. Ich musste mich nicht schämen oder Angst haben, dass ich für meine Gefühle kritisiert werde. Ich konnte meine Gefühle einfach laufen lassen. Das war gut so, die Musik war wie ein Ventil für mich. Ich hatte immer Kopfhörer auf und bin ständig damit herumgelaufen. Das ist bis heute noch so. Und wenn ich dann bei den Tanzfilmen gesehen habe, dass Musik Freiheit und Leichtigkeit verleiht, wusste ich, dass ich unbedingt tanzen lernen wollte. Auch beim Tanzen kann ich meinen Gefühlen freien Lauf lassen, kann mich ausdrücken. Leider wollten meine früheren Partner nie tanzen. Als ich dann meinen Mann kennengelernt habe und wir heiraten wollten, habe ich gesagt: „Ja, wir heiraten, aber erst machen wir einen Tanzkurs, auf keinen Fall gibt es eine Hochzeit ohne tanzen". Seitdem tanzen wir zusammen. Auch darin hat er mich akzeptiert. Aber er macht es heute nicht nur mir zuliebe, es macht uns beiden viel Spaß.

Ich würde mich schon als einen zufriedenen Menschen bezeichnen. Glücklich ist vielleicht etwas hoch gegriffen. Wer ist schon ständig glücklich? Aber ich bin zufrieden mit mir und meinem Leben. Wenngleich ich bis heute ein sehr unruhiger und sehr wachsamer Mensch bin, der ununterbrochen denkt. Ich möchte die Kontrolle niemals abgeben und registriere alles, was um mich herum passiert. Das ist wohl ebenfalls eine Folge von früher – ich musste ja ständig aufpassen, ob nicht wieder etwas Schlimmes passiert. Und ich habe vielleicht auch viel Glück gehabt. Es hätte schiefgehen können und ich wäre ebenfalls Alkoholikerin oder eine schlimme Mutter geworden oder würde heute Drogen nehmen. Es war daher auch gut, dass das alles so extrem war zu Hause. Ich wollte immer das genaue Gegenteil und habe immer genau das Gegenteil von dem gemacht, wie ich es zu Hause erlebt habe. Ich wollte nie so sein, wie die und nie so ein Leben leben. Und ich bin nicht so geworden! Ich würde aber nicht sagen, dass ich jemals ganz geheilt bin. Ich werde immer mit den Folgen zu kämpfen haben. Ich werde immer wieder traurige Tage haben und traurig darüber sein, dass ich keine wirkliche Kindheit hatte. Dass mir manche Dinge entgangen sind, die ich nicht wiederbekomme und nie mehr wiederbekommen kann, das weiß ich. Es ist ein Prozess, der mich mein Leben lang begleiten wird. Aber ich finde das gar nicht schlimm. Ich wachse ja daran und lerne ständig weiter dazu und verhindere so, dass ich zum Beispiel immer Hass und Wut empfinde und sie sinnlos an anderen Menschen auslasse. Womöglich an Menschen, die für meine Geschichte nichts können. Was würde so eine Wut denn auch bringen? Heute handle ich nach meinem Empfinden. Ich gestalte mein Leben so, wie ich es möchte und tue das, worauf ich Lust habe. Ich bestimme über meine Zeit und über mein Leben.

Auf die Frage, ob ich Filme oder Bücher kenne, die ich zum Thema empfehle, sage ich prinzipiell Nein. Es geht nicht darum, dass ich sagen würde, dass kein Buch wirklich gut ist, obwohl es sehr viele gibt, die mich eher deprimiert und runtergezogen haben. Ich habe ja viel gelesen. Ich möchte das hier noch mal mit dem Tanzen vergleichen. Ich habe sehr viele Tanzlehrer gehabt und jeder war auf seine Art anders und alle waren gut. Aber ich habe von jedem etwas anderes gelernt und oft waren es bei den einzelnen Lehrern nur Kleinigkeiten. Das ist bei den Büchern genauso. Es sind oft nur ein paar Sätze oder ein paar Gedanken, die mich angesprochen und mir geholfen haben. Aber ich weiß nicht, ob das, was mir geholfen hat, anderen ebenso helfen wird. Jeder pickt ja für sich etwas anderes heraus. Heute sage ich, ich komme inzwischen mit dem Erlebten zurecht, ich habe meinen Weg gefunden. Aber das habe ich nicht in einem einzigen Buch gefunden. Vielleicht findet eine Betroffene in einem Buch etwas, was mir nicht geholfen hat, aber ihr hilft. Ich kann das nicht für andere beurteilen. Ich empfehle unbedingt, sehr viel zu lesen. Jeder, der Antworten und Wege aus dem ganzen Deprimierenden sucht, sollte alles lesen, egal ob Bücher oder im Internet. Und dann ist es wichtig, dem eigenen Gefühl zu vertrauen, zu sehen, was für einen selbst stimmig ist, was zu einem passt. Egal, ob das von Experten so geschrieben wird oder nicht. Es gibt Bücher, bei denen man denkt, das passt nicht zu mir. Aber dann lies weiter, lies das Buch zu Ende. Es wird irgendetwas darin sein, was dich anspricht, was zu dir passt. Menschen sind unterschiedlich und jeder hat ein anderes Empfinden. Deswegen empfehle ich grundsätzlich keine Bücher.

Man wird Gewalt und solche Taten wie Missbrauch niemals verhindern können. Auf keinen Fall, das wird es immer geben. Es wird immer Mörder, Kriege und leider auch Kinderschänder geben. Wir werden nie eine perfekte Gesellschaft haben. Aber man kann die Folgen abmildern, wenn man sofort auf so etwas reagiert. Wenn die Gesellschaft endlich gelernt hat, nicht mehr wegzuschauen, nicht mehr alles unter den Teppich zu kehren und zu denken, es ist wichtiger, wie die Familie dasteht, sondern sofort zu reagieren, dann macht das für einen Betroffenen einen Unterschied. Für den Täter aber auch. Es ist wichtig, die Augen aufzumachen und zu sehen, was ist. Das ist nicht immer schön, was man da sieht. Aber es ist wichtig. Sonst kann man Betroffenen nicht helfen und der Täter kann einfach weitermachen und noch mehr Kinder missbrauchen. Hätte man bei mir damals hingeschaut und gesehen, was bei mir zu Hause passiert, wäre mir einiges erspart geblieben. Wenn es nicht nur darum gehen würde, sofort zu kritisieren und zu verurteilen, müssten sowohl Täter als auch Opfer sich nicht mehr so sehr verstecken und beide Seiten könnten tatsächlich Hilfe finden.

Zum Schluss ist mir eines noch sehr, sehr wichtig. Der Grund, warum ich mich überhaupt entschlossen habe, an dem Interview teilzunehmen, ist die Frage oder die Aussage: „Das kann ja alles nicht so schlimm gewesen sein, wenn es ihm, ihr heute gut geht." Als eine Freundin mich gefragt hat, ob ich Interesse daran hätte, ein Interview zu geben, habe ich erst Nein gesagt. Es sind ja doch sehr intime Sachen, die man hier erzählt und ich habe tatsächlich ebenfalls schon darüber nachgedacht, zu diesen Themen ein Buch zu schreiben. Aber dieser Satz hat mich so aufgeregt, dass ich dachte, das muss aufgeklärt werden, da habe ich etwas zu sagen. Es ist nicht nur die Gesellschaft, die einem zu verstehen gibt, dass alles nicht so schlimm gewesen sein kann, wenn man heute so lebt. Es ist ja leider außerdem oft so, dass man selbst so denkt und Schuldgefühle hat. Dass man denkt, es war vielleicht nicht so schlimm und vielleicht hast du ja nur Aufmerksamkeit gebraucht. Nein, diese Aufmerksamkeit hat man tatsächlich nicht gebraucht! Wenn irgendein Außenstehender sagt, es war ja offensichtlich gar nicht so schlimm, womöglich sogar zu seiner Tochter oder zu seinem Sohn – denn das passiert ja auch bei Jungs – oder ein Mann zu seiner Frau, dann hat er keine Ahnung, wovon er redet. Ich habe mir zu der Frage Notizen gemacht: Anstatt alles, was passiert ist, herunterzuspielen und zu verharmlosen, sollte derjenige lieber fragen: „Wie hat diese Person den Weg da heraus geschafft und wie denkt diese Person heute über diese Situation?" Die Frage sollte man sich als Betroffene oder Betroffener auch selbst stellen, wenn man sich solche Vorwürfe macht. Es ist viel wichtiger, verstehen zu wollen, was passiert ist und danach zu fragen, was geholfen hat. In beiden Fällen würde meine Antwort gleich ausfallen. Ich würde immer sagen: „Ich habe einen schweren Kampf gehabt und war auf mich allein gestellt und musste das und das tun, damit ich heute gut leben kann." Aber wenn mir jemand vorwurfsvoll sagt, das war ja alles nicht so schlimm und mich damit kritisiert und anzweifelt, werde ich mit Traurigkeit antworten und genau dieses Gefühl wird bei mir zurückbleiben. Wenn aber jemand sagt, „wow, wie hast du das geschafft trotz allem und wie kommst du bis heute damit klar, das interessiert mich", antworte ich mit Leichtigkeit und Freude. Ich freue mich, weil ich sehe, dass der andere mich verstanden hat. Das macht im Empfinden einen entscheidenden Unterschied und ist für einen Betroffenen wieder ein Stück Pflaster, das ihm hilft.

Anna

„Mit einer gehörigen Portion Stolz und Kraft bin ich weitergegangen."

Zehn Jahre chronische Kopfschmerzen, 18 Jahre extreme körperliche Missempfindungen, sieben Jahre chronische, nicht diagnostizierbare Muskelerkrankung, Todessehnsucht, Liebessehnsucht, Suizidversuch, Alkoholmissbrauch, Einsamkeit … – und heute Vergangenheit.

Ich war 22 Jahre alt, als die Professorin in der Psychologievorlesung zum Thema „Sexueller Missbrauch" den Satz sagte, der mein Leben verändern sollte: „Viele Täter versuchen ihre Opfer unter Druck zu setzen, nach dem Muster: ‚Wenn du das Mama erzählst, dann (…)'." Bäng! Da war die Erinnerung. Bilder schossen durch meinen Kopf. Ab da war alles anders. Alles wieder da, was viele Jahre vergessen war. Ich hatte „dissoziiert", wie es im Fachjargon heißt. Weil meine Seele bis dahin nicht bereit war für diese Bilder mit all den Gefühlen, die da unmittelbar dranhingen. Nun gab es kein Zurück mehr, ob ich wollte oder nicht. Was folgte, war ein langer, schmerzvoller Weg, der mich langsam, sehr langsam wieder zum Leben hat erwachen lassen. So sehr mich diese Erkenntnis damals auch bis ins Mark traf, so war sie doch der Beginn eines, nein, meines Weges in die Freiheit und die Heilung.

Ab jetzt gab es plötzlich Zusammenhänge, die mein Leiden erklärten, doch es wurde natürlich nicht plötzlich besser. Je mehr ich nach und nach verstand, desto größer und schwieriger erschien mir der Berg, den es zu erklimmen galt. Denn die Erkenntnis, dass mir das nur gelingen kann, wenn ich mich „diesem" Thema stelle, hatte mich zunächst erst mal ohnmächtig gemacht. Noch ohnmächtiger. Noch einsamer.

Der Täter – mein Vater. Meine Familie – eine im Ort im wörtlichen Sinn angesehene Großfamilie, die im Dorf in der bayrischen Provinz über mehrere Generationen eine gewisse Stellung innehatte. Ich – aufgewachsen in einem Elternhaus mit einer zutiefst katholischen und patriarchalisch ausgerichteten Tradition, das zudem, wie ich heute weiß, geprägt ist/war von transgenerationalen Traumata. Die Atmosphäre entsprechend: doppelmoralisch, angstschürend, bedrückend, kalt, einsam, schweigend, autoritär – lieblos, sündig und schuldig.

Wie könnte ich hier die Traumabewältigung angehen? Wie in die Konfrontation mit dem Täter, meinem Vater gehen? Damals habe ich gedacht, dass die Konfrontation die einzige, zwangsläufige Bewältigungsstrategie sei, dass die Auseinandersetzung mit meinem Trauma unweigerlich mit der Tatsache verbunden sei, am Ende meinen Vater hassen und meine Familie zerstören zu müssen. Und das, das war mir klar, hätte mich erst recht in den Abgrund geführt.

Legitimiert durch die zu diesem Zeitpunkt schon zehn Jahre andauernden Kopfschmerzen wurde für mich der Schritt zur Therapie möglich. Es war einfacher zu sagen, „ich habe seit zehn Jahren Kopfschmerzen, ich habe alles Medizinische ausprobiert, Sie sind meine letzte Chance“, als die Therapie mit der Aussage zu starten, „ich bin missbraucht worden“.

Am Ende war es meine Therapeutin, die mir die Tür zur Bewältigung öffnete, indem sie meine Schwarz-Weiß-Haltung auflöste und mir klarmachte, dass es diesen Automatismus zwischen Bewältigung und Zerstörung meiner Familie nicht gab und ich ganz allein es in der Hand habe, wohin und wie weit ich gehen will. Als ich das verstanden hatte, war ich bereit, mich meinem Leben, meiner Vergangenheit und dem erlebten sexuellen Missbrauch zu stellen.

Schon nach einem dreiviertel Jahr Therapie war ich kopfschmerzfrei. Aber es folgten noch viele intensive, schmerzvolle Jahre mit vielen Höhen und Tiefen – von tiefster Verzweiflung bis hin zu den ersten positiven Gefühlen, die ich bis dato im Grunde nicht kannte. Ich bekam langsam eine Ahnung davon, wie ein Leben in Freiheit aussehen kann. Freiheit im Sinne von frei sein. Frei von Schmerz, frei von Schuldgefühlen, frei von der Schwere, die bis dahin auf meinem Leben lag und mich in vielen Lebensphasen ohnmächtig machte. Doch der Weg dorthin sollte ein schwerer werden. Ich wusste nicht, wie ich ihn beschreiten sollte, da meine (Schmerz-)Muster sich scheinbar tief in meine DNA eingepflanzt hatten.

Einer meiner ersten Sätze zu meiner Therapeutin war: „Wenn die Kopfschmerzen weggehen sollen, dann brauche ich eine Alternative.“ Die Kopfschmerzen waren ein Teil von mir geworden, ohne die ich mir es nicht vorstellen konnte, zu leben. So sehr ich sie verabscheute, so sehr habe ich sie auch gebraucht. Krankheit war mein erlerntes Muster. Schmerzen zu haben bedeutete, mich zu spüren. Und sie waren ein Sprachrohr für mich, um der Welt zu sagen und zu zeigen: „Seht her, kümmert euch um mich, habt mich lieb, seht ihr denn nicht, wie schlecht es mir geht?“ Die tiefe Sehnsucht nach einem Menschen, der all das – also mich – sieht und hört und erkennt, hat mich im Laufe meiner Kindheit und Jugend durchaus erfolgreich auf Menschen treffen lassen, deren Aufmerksamkeit ich mit dieser „Strategie“ erwecken konnte. Im positiven Fall mit Sorge und Mitleid. Im negativen Fall mit Ausnutzung meiner Bedürftigkeit durch erneuten emotionalen und sexuellen Missbrauch. Ein verhängnisvoller Teufelskreis. Diese bei mir fest verankerte Verbindung von Schmerz und dem Bedürfnis nach Aufmerksamkeit galt es zu lösen.

Je mehr ich einstieg in die Auseinandersetzung mit meiner verkorksten Kindheit und Zusammenhänge verstand, desto mehr musste ich darüber reden, auch außerhalb der Therapie. Fast hemmungslos begann ich, meinem Umfeld meine Geschichte zu erzählen, wollte es teilhaben lassen an meinem Prozess und meiner Erkenntnis, dass jetzt alles so logisch erscheint und dass ich kämpfe und an mir arbeite. Ich habe geredet und geredet, als ob ich die vielen Jahre des Schweigens und des Vergessens wieder aufholen könnte. Dabei habe ich eine Zeit lang nicht gemerkt, wie sehr ich mein Umfeld damit zugleich überforderte. Außerdem machte sich langsam die Angst breit, dass das Reden jetzt ebenfalls die Funktion übernimmt, die ersehnte Aufmerksamkeit zu bekommen und geliebt zu werden. Ich konnte das alles nicht mehr auseinanderhalten. Mein Umfeld, zur Ergänzung, waren meine Freundinnen, nicht die Familie – zumindest vorerst nicht – das verstand sich, aus den oben erläuterten Gründen, von selbst.

Doch nach und nach wurde mein Bedürfnis immer größer, zumindest auch meine Schwestern in meinen Prozess miteinzubeziehen, in der Hoffnung, sie könnten mir vielleicht noch viele offene Fragen beantworten – ihre Erfahrungen und Erinnerungen betreffend, aber auch in der Hoffnung, in schwesterlicher Verbundenheit gestärkt zu werden. So sollte es nicht kommen. Ihre Reaktionen waren eher ablehnend und aufbrausend: „Nie im Leben (…), so etwas würde er nie tun, das kannst du ihm nicht unterstellen (…), ich will damit nichts zu tun haben.“ Es war ein kläglicher Versuch und am Ende doch nur eine bittere Lektion für mich, die mir mehr als deutlich machte, wie sehr ich mit „meiner Geschichte“ alleine war, dass sie „meine Geschichte“ bleiben sollte. Ihre Reaktionen bestätigten noch einmal mehr meine Angst davor, dass meine Familie an diesem Thema zerbrechen würde und meinen Plan, meinen Weg weiterhin alleine zu beschreiten. So ging ich ihn, mit Hilfe meiner Therapeutin und vielen intensiven, auch experimentellen aber vertrauensvollen therapeutischen Sitzungen, durch Höhen und Tiefen, Erfolge und Misserfolge.

Dann einige Jahre später, bei einem mehr oder weniger zufälligen, intensiven Gespräch mit meinem Cousin Tobias bei einem Besuch in Norddeutschland, schilderte auch er mir Situationen von sexuellen Übergriffen seitens meines Vaters. Er erzählte mir zudem, dass er Jahre zuvor schon meinen Vater damit konfrontiert hatte. Dieses Gespräch hat vieles verändert – es ergab viele neue Erkenntnisse und wieder ganz neue Fragen: Ich war gar nicht die einzige „Auserwählte". Es hatte gar nichts damit zu tun, dass ich ein Mädchen war. Und wie viele in meiner Familie würden noch ähnliche Geschichten erzählen können? Was ist mit meinen Nichten, sie sind oder kommen jetzt alle in „das Alter"?! Und irgendwie fühlte ich mich gleichzeitig betrogen um meine Geschichte, auch um meinen therapeutischen Prozess, der vielleicht ganz anders hätte verlaufen können und müssen, wenn ich das gewusst hätte. Aber dieses Gefühl wich schnell dem Gefühl der nun entstandenen Chance: Ich war nicht mehr allein. Mein Vater war schon mal konfrontiert worden und er hatte es nicht geleugnet. Und Tobias sagte mir jede Form der Unterstützung zu, was auch immer ich von ihm bräuchte. Das alles gab mir Kraft und neuen Mut, den für mich bis dahin nicht denkbaren Weg zu gehen: Die Zeit war nun reif, doch über die Konfrontation mit meinem Vater nachzudenken.

Als dieses Türchen für mich aufging, begann ein im Prinzip ganz neuer Prozess mit den daran hängenden Fragen: Brauche ich das jetzt wirklich? Für meine Heilung? Für meinen inneren Frieden? Und wenn ja, wie könnte es gehen? Es folgte eine akribische, von meiner Therapeutin intensivst begleitete Vorbereitung mit detaillierten strategischen Überlegungen. In Gedanken und Gesprächen haben wir alle möglichen Optionen und Reaktionen durchgespielt. Ich habe überlegt, was alles passieren könnte, wie ich darauf reagieren und vor allem, wie es mir dann damit gehen würde. Ich musste und wollte so vorbereitet sein, dass ich – egal was passiert – sicher war. Ich habe mit dem Schlimmsten gerechnet und wollte gewappnet sein. Ich wollte bei jeder möglichen Reaktion meines Vaters handlungsfähig bleiben.

Ich entschied mich letztendlich dafür, meinem Vater einen Brief zu schreiben, ihn aber nicht abzuschicken, sondern ihn ihm vorzulesen. Ich wollte sichergehen, dass alles, was ich sagen wollte, gesagt wird. Und ich wollte ihm gleichzeitig in die Augen und seine Reaktion sehen können. Zwei Freundinnen sollten in der Nachbarstadt warten, um mich zu unterstützen und mein Cousin zwei Straßen weiter von meinem Elternhaus. Würde mein Vater es leugnen, wäre Tobias in einer Minute zur Bekräftigung am Start. Würde ich ihn nicht brauchen, wollte ich direkt nach der „Vorlesung" das Haus schnell wieder verlassen und wegfahren können.

Mit der Strategie „Ich-kläre-das-mit-dir-unter-vier-Augen" und der im letzten Absatz des Briefes stehenden Drohung, spätestens dann alles publik zu machen, wenn er es wage, seinen Enkel*innen etwas anzutun, wollte ich das Machtverhältnis umdrehen. Das war mein Ziel. Mehr konnte und sollte es an dieser Stelle nicht werden. Seine Reaktion sollte völlig egal sein, um mich und den Erfolg dieses Gespräches nicht von ihm abhängig zu machen. Es war wichtig, dass es um mich ging. Es ging darum, dass ich diesen Schritt überhaupt tat, dass ich loswurde, was ich ihm sagen wollte und dass es dann bei ihm ist. Das Ganze hat dann etwa zehn Minuten gedauert. Er leugnete zunächst alles, schwieg dann aber, als ich ihm eröffnete, dass Tobias draußen im Auto sitze und ich ihn als weiteren Zeugen innerhalb von wenigen Sekunden hinzuziehen könne. Ich bin wieder gegangen und habe ihn mit dem Gesagten alleine gelassen.

Zwei Tage später dann kam der Anruf von ihm: „Ich bitte dich um Verzeihung (…)." Ich weiß nicht, ob ich überhaupt mit irgendetwas wirklich gerechnet hatte, aber damit ganz sicher nicht. Ich hatte alles vorher durchgespielt, ich bin das Risiko eingegangen, alles zu zerstören. Und dann das. Ich hatte gewonnen. So fühlte es sich jetzt an.

Dieses Telefonat liegt jetzt fast 15 Jahre zurück. Es hat eine neue Lebensphase eingeläutet, mit einer gehörigen Portion Stolz und Kraft und innerem Frieden im Gepäck bin ich weitergegangen. Ich hatte es geschafft, mehr konnte und wollte ich in diesem Moment nicht tun. Ich wollte leben. All das, was ich in den vielen Jahren der Therapie und der Auseinandersetzung mit mir gelernt hatte, musste nun schließlich gelebt werden.

Zwei Jahre später habe ich die Liebe meines Lebens kennengelernt und die glücklichste Zeit meines Lebens sollte beginnen. Gleichzeitig der Rückschlag – ich wurde wieder krank, eine Art Muskelschwäche. Es schien, als wenn mich meine Kräfte nun endgültig verließen, ich konnte – im wahrsten Sinne des Wortes – nicht mehr fest auf beiden Beinen stehen. Jede Treppenstufe war mit einer extremen körperlichen Anstrengung verbunden, oben angekommen, musste ich mich oft vor Erschöpfung und mit Schmerzen ins Bett legen. Viele Alltagssituationen wurden so zu einer extremen Belastung, meine Lebensqualität nahm zunehmend ab. Eine jahrelange Odyssee von Ärztin zu Arzt, von Klinik zu Klinik begann. Doch es fand sich keine medizinische Diagnose. Ich verstand die Welt nicht mehr. Psychisch stabil, glücklich wie nie, ein sicheres soziales Netz. Warum verstand mein Körper das nicht? Er kam irgendwie nicht hinterher. Ich war erschöpft – sieben Jahre sollten die Beschwerden andauern. Vielleicht, so denke ich heute, war es so wie mit einer Wochenendmigräne, die erst ausbricht, wenn die Entspannung einsetzt. Und was über so viele Jahre einprogrammiert wurde, konnte sich nicht von heute auf morgen verflüchtigen. Mein Körper musste sich umprogrammieren. Vor fünf Jahren war es dann soweit, er hatte es offenbar verstanden und ich bin bis heute nahezu beschwerdefrei.

Heute weiß ich, dass Heilung im Zusammenhang von Traumabewältigung kein Zustand ist, der irgendwann einsetzt und dann ist eines Tages alles vorbei. Es ist ein Prozess, der nie enden wird. Um die Ausgangsfrage des Buches zu beantworten: Für immer traumatisiert? Ja. Das Trauma hat mein Leben bestimmt und wird es immer tun. Aber – das Trauma mit all seinen Facetten, den Krisen und der Auseinandersetzung hat mich eben auch zu dem Menschen gemacht, der ich heute bin: Eine Frau, die gelernt hat, wieder zu leben und zu lieben, und die wieder vertrauen kann. Die erfahren hat, was es heißt, geliebt zu werden, ohne etwas dafür tun zu müssen. Die verstanden hat, dass es keine Schmerzen braucht, um geliebt zu werden. Eine Frau, die gekämpft hat und durch diesen wichtigen Teil ihres Lebens gewachsen und stark geworden ist. Und eine Frau, die genau so und mit all dem verstanden werden will.

Deswegen ist es für mich wichtig, dass das beziehungsweise mein Trauma nicht isoliert als ein zurückliegender, feststehender Zustand definiert wird, sondern dass ich als ein von einem Trauma geprägter Mensch wahrgenommen und verstanden werde – mit den Narben, die es hinterlassen hat und die bis heute noch zu spüren sind. Aber eben auch mit all den Stärken, die ich im Laufe der Jahre entwickelt habe. Ich habe nicht nur viel geschafft, sondern durch die Bewältigungsprozesse und Überlebensstrategien auch sehr viel gelernt und erfahren und bin im Prinzip eine Art „Expertin" auf diesem Gebiet geworden. Ich gehe heute viele Dinge viel sensibler und reflektierter an und verstehe zum Beispiel Traumadynamiken und Stressmuster viel besser, vielleicht besser als andere, die nicht Ähnliches durchlebt haben. Ich habe eine Menge anzubieten und könnte mein Wissen und meine Stärken meinem Umfeld zur Verfügung stellen. Aber einfach ist das nicht, denn es braucht nicht nur die Bereitschaft, (auch) diesen Teil meines Ichs in mein Leben zu integrieren, sondern vor allem den Mut, ihn zu zeigen.

In meiner Bilanz – über 20 Jahre später – muss ich leider außerdem feststellen, dass das, was am Anfang meines Bewältigungsprozesses nur so aus mir herausgesprudelt ist, jetzt nicht mehr über meine Lippen kommt. Ich habe aufgehört, zu reden. Nicht bewusst, doch nach der Konfrontation mit meinem Vater schien es erst einmal keine Notwendigkeit mehr zu geben. Das Kapitel war abgeschlossen, das Ziel war erreicht, andere Dinge des Lebens rückten in den Vordergrund.

Und, was dazu kommt – über den eigenen sexuellen Missbrauch zu reden, scheint nach wie vor einem gesellschaftlichen Tabu zu unterliegen. Die große Resonanz auf die #MeToo-Debatte macht das mehr als deutlich. In ihrer eigenen und wuchtigen Entfaltung führt sie uns vor Augen, wie groß das kollektive Schweigen der Betroffenen sexualisierter Gewalt bis dahin war und immer noch ist. Und sie gibt uns in Ansätzen eine Idee davon, warum Betroffene nicht „darüber" gesprochen haben, nicht sprechen konnten und es immer noch nicht können: Die zugrunde liegende strukturelle Gewalt, eine überforderte Gesellschaft, die Angst vor Stigmatisierung und Ausgrenzung usw. Selbst in meinem beruflichen Umfeld, in dem explizit zum und mit dem Thema „sexualisierte Gewalt" gearbeitet wird, in dem ein umfassendes Fachwissen und ein großes Problembewusstsein für das Thema vorhanden ist, erlebe ich dieses Tabu, wenn es darum geht, über die eigene Erfahrung zu sprechen. Schon rein statistisch ist klar, dass – wenn jede vierte Frau Opfer von körperlicher oder sexualisierter Gewalt ist – es auch unter uns Kolleginnen Betroffene gibt, geben muss. Über diese statistische Feststellung geht es aber meist nicht hinaus. Über persönliche und gesellschaftliche Folgen wird zwar gesprochen, aber es bleibt auf der Metaebene, der theoretischen und distanzierten Ebene. Die, aber nicht wir. Für die andere Ebene – die persönliche – scheint es selbst hier den Raum und die Reife und vielleicht auch den Mut dafür (noch) nicht zu geben. Das hat bei mir ebenfalls dazu geführt, dass ich aufgehört habe, darüber zu sprechen. In Situationen, in denen ich mein „Expertinnen"-Wissen einbringen könnte, tue ich es nicht. Niemand tut das. Das nimmt uns allen die Chance, uns im persönlichen, direkten Umgang mit dem Thema zu „üben" und voneinander zu lernen, das Bild von Betroffenen als „ewige Opfer" zu korrigieren und die Angst vor Stigmatisierung abzulegen. Darüber reden zu können braucht ein Klima der Sicherheit, aber auch der Offenheit. Mein Reden muss gehört werden wollen. Wenn ich heute von „meinem Trauma" spreche, dann meine ich nicht nur die einzelnen sexuellen Taten und Übergriffe an sich. Ich meine damit zugleich das, was maßgeblich und nachhaltig zur Traumatisierung geführt hat: Das, was danach passiert ist, das „Nicht-gesehen-Werden", das „Damit-allein-gelassen-Werden", das „Nicht-darüber-reden-Dürfen".

Damit komme ich zu einem weiteren Aspekt, der zu meinem „Wieder-Schweigen" beigetragen hat: Die politisch korrekte Sprache. So sehr ich davon überzeugt bin, dass Sprache nicht nur unsere gesellschaftliche Realität abbildet, sondern maßgeblich und machtvoll dazu beiträgt und beitragen kann, sie zu verändern und zu beeinflussen, so sehr haben mir die Forderungen nach einer politisch korrekten Sprache, die Sprache auch wieder verschlagen. Es gibt Stimmen, die sagen, dass man den Begriff „sexueller Missbrauch" nicht benutzen dürfe, weil in ihm „der Gebrauch" mit drinstecke. Ein Missbrauch setze demnach zugleich einen Gebrauch voraus und einen Menschen gebraucht man nicht. Gebrauch benutze man für Gegenstände, er de-personalisiere also. Ein richtiger und wichtiger Aspekt. Für mich hatte der Begriff „Missbrauch" aber nie etwas mit der Assoziation „Gebrauch" zu tun, sondern er stand für mich für den Missbrauch eines Abhängigkeitsverhältnisses. So habe ich ihn auch immer im Zusammenhang mit Kindern gesehen: Jemand missbraucht dabei seine, ihre Macht- und Autoritätsposition, und nutzt die Abhängigkeit eines Kindes aus. Aus dieser Sicht war es für mich lange Zeit stimmig und leichter, über (meinen) Missbrauch zu sprechen. So sehr ich diesen Aspekt verstehe und diesem Gedanken folgen kann, führt er bei mir aber gleichzeitig dazu, dass ich mich sprachlich nicht mehr ausdrücken kann. Gesamtgesellschaftlich ist der Begriff „Missbrauch" üblich. Er ist ein sprachlicher Konsens, bei dem jede und jeder sofort weiß, was damit gemeint ist. Wenn ich ihn nicht benutzen „darf", fällt es mir noch schwerer zu sprechen. Es gibt Alternativen wie „Überlebende" oder „Opfer von sexualisierter Gewalt" – sie zu benutzen, wirkt holprig, fremd und unpersönlich. Sie erschweren zudem das Verstanden-Werden, weil sie den meisten Menschen nicht geläufig sind. Ich müsste sie erklären. Die politisch korrekte Sprache soll betroffene Frauen stärken, sie als Opfer entstigmatisieren. Das ist wichtig und gelingt oft. Doch die sprachlichen Alternativen führen zugleich dazu, dass der Täter im Prinzip nicht mehr vorkommt: „Überlebende“, „Betroffene“, „Opfer sexualisierter Gewalt“ … Der Täter taucht sprachlich nicht mehr auf und verschwindet in der Konsequenz also aus der gesellschaftlichen Realität. Das kann und möchte ich so nicht zulassen. Noch habe ich keine „sprachlich korrekte“ Alternative gefunden, die mir gerecht wird und dem, was ich ausdrücken möchte. Solange möchte ich sagen können: „Ich bin von meinem Vater missbraucht worden.“ Der Täter wird benannt.

Vermeintlich korrekte Sprache kann also auch sprachlos machen. Forderungen, bestimmte Begriffe nicht mehr zu benutzen, haben dazu geführt, mich im wahrsten Sinne des Wortes ausdruckslos zu machen. Das gesellschaftliche Tabu, ein ängstliches und ungeübtes Umfeld, die Angst vor Stigmatisierung – all das hat dazu beigetragen, mich wieder zum Schweigen zu bringen. Wenn ich aber aufhöre über den Missbrauch zu reden, so weiß und so fühle ich heute, dann negiere ich mit jedem Mal des Nicht-reden-Könnens, mich und mein Leben. Dann fühlt es sich bei jedem Mal an, versagt und verloren zu haben, wieder alleine damit zu sein und zu bleiben. Und mit jedem Nicht-reden-Können halte ich das Trauma am Leben und bestärke das gesellschaftliche Tabu. So sehe ich es als weitere Aufgabe im Sinne der Heilung, aber auch meiner persönlichen und unserer gesellschaftlichen Verantwortung: Das Schweigen zu brechen und mich selbst wieder zu ermächtigen, in dem ich mir meine Sprache wieder hole. Mein Beitrag zu diesem Buch ist vielleicht ein erster Schritt.

Johannes

„Du hast alles, was du brauchst."

Dies ist mein einzigartiges, wunderbares Leben und niemand hat das Recht, es schlecht zu reden, auch nicht mein eigener Kopf. Das ist eine der Lehren, die ich aus meiner Geschichte und aus der Auseinandersetzung mit meiner Geschichte mitgenommen habe. Egal, was dir passiert ist oder welche Erfahrungen du machst und was du aus ihnen machst – sie sind einzigartig und wunderbar. Das muss man sich manchmal einfach ins Bewusstsein rufen. So wie viele andere, neige ich eher dazu, mich selbst und mein Leben zu kritisieren und zu hinterfragen. Manchmal ist es sinnvoll, sich zu hinterfragen. Aber man sollte sich nicht selber geißeln oder andere geißeln, für das, was sie einem angetan haben. Letztlich schadet das nur einem selbst. Einer der Gründe, warum ich zugestimmt habe, bei dem Buch mitzumachen ist, dass es einen positiven Ansatz hat. Mir geht es darum, zu schauen, was man aus dem Erlebten lernt oder wie man lernt, sein Leben zu meistern und all dem Erlebten auch Positives abgewinnen kann.

Missbrauch ist ein schlimmes Thema. Das darf nicht unter den Tisch gekehrt, es muss ausgesprochen werden. Und wir als Gesellschaft müssen Wege finden, wie wir damit umgehen. Da ist noch einiges zu tun. Ich war noch ein Kind, etwa sechs, sieben bis zwölf Jahre alt, als ich Missbrauchserfahrungen gemacht habe. Ich möchte jetzt nicht bewerten, was von der Gewichtung her schwerer wiegt, aber neben dem eigentlichen Missbrauch, war es für mich ebenso ein großes Trauma, damit allein zu sein. Während der Jahre, in denen der Missbrauch stattfand, aber auch all die Jahre danach, habe ich mit niemandem darüber geredet. Bis ich den Mut gefunden habe, meinem besten Freund davon zu erzählen, war ich fast schon 30. Ich war sehr lange mit dem Thema alleine und habe es in mir vergraben. Warum ich mit niemandem darüber reden konnte? Als Kind hatte ich das Gefühl, dass meine Eltern damit nicht hätten umgehen können und sie gaben mir schon sehr früh das Gefühl, dass man „über so was" nicht reden darf. Nicht über Missbrauch, aber vor allem auch nicht über sexuelle Erfahrungen. Was ich jetzt nicht unter Missbrauch zähle, was aber auch in meiner Kindheit schon vor dem Missbrauch stattgefunden hat, sind die sogenannten Doktorspiele unter gleichaltrigen Kindern. Damit ist meine Mutter, aus ihrem katholischen Hintergrund heraus, ebenfalls schon nicht sehr vorbildlich umgegangen. Außer „das darf man nicht" oder „das müsst ihr sein lassen" oder so ähnlich, kam da nichts von ihr. Als dann der Missbrauch begann, hatte ich bis dahin schon die Erfahrung gemacht, dass das etwas ist, was man besser verschweigt. Meine Mutter hat ein- oder zweimal schon mitbekommen, dass da etwas stattgefunden hat, aber darauf hat sie genauso schroff reagiert wie vorher auf die Doktorspiele. Und letztendlich hat sie mich für den Missbrauch beschimpft. Ich habe Missbrauch durch meine älteren Brüder erfahren, die fünf und acht Jahre älter sind als ich. Und durch zwei Jungs aus dem dörflichen Umfeld, die im ähnlichen Alter meiner Brüder waren. Für mich war das lange gar nicht klar, dass es Missbrauch ist. Ich meine – wo ziehst du als Kind die Grenze zwischen Doktorspielen mit Gleichaltrigen und sexuellen Handlungen mit jemandem, der doch wesentlich älter ist? Dass es nicht okay ist, habe ich schon gemerkt. Aber eben gleichzeitig, dass man darüber nicht reden darf. Es hat lange gedauert, bis ich mich irgendwann einmal mit dem Thema auseinandersetzen konnte.

Meinen älteren Brüdern hat meine Mutter damals die kalte Schulter gezeigt. Ich nehme eine große Hilflosigkeit und Überforderung bei ihr wahr. Sie wusste einfach nicht, wie sie mit der Situation umgehen sollte. Meine Anmerkung, dass wir beim Thema Missbrauch gesellschaftlich noch einiges zu tun haben, bezieht sich unter anderem darauf – wir müssen Müttern und Vätern Wissen und Handwerkszeug vermitteln, damit sie in solchen Momenten positiv und unterstützend für den oder die Betroffene reagieren können. Wir alle sollten lernen, damit umzugehen. Ich weiß ebenfalls nicht, wie man in so einem Fall besser reagiert und es wäre vermessen von mir, jetzt zu sagen, so oder so muss man es machen. Aber Missbrauch ist einfach Realität und man kann das gerade in so einem engen familiären Umfeld offensichtlich nicht kontrollieren. So etwas passiert. Ich habe keine Statistiken darüber und ich kenne auch keine Statistiken dazu. Aber ich denke, das, was wir in der Öffentlichkeit an Missbrauchsfällen mitbekommen, sind eher die „spektakulären" Ausnahmefälle. Der Großteil läuft im verborgenen, familiären Bereich ab. Und gerade weil es so häufig vorkommt, müssen wir da etwas tun.

Meine Mutter war damals mit fünf Kindern relativ überfordert und mein Vater war, wie damals meist so üblich, in der Familie mehr oder weniger nicht anwesend. Er hat sich gesellschaftlich viel engagiert, hat eher in Vereinen Verantwortung übernommen. Aber er hat immerhin das Geld mit nach Hause gebracht und für ein Dach über dem Kopf gesorgt. Dass das etwas ist, was einem eine innere Stabilität und Sicherheit gibt, darauf hat mich später einmal meine Therapeutin aufmerksam gemacht. Das musste ich erst einmal lernen. Mein Vater hat Fehler gemacht und es war für beide nicht leicht in der ehelichen Situation, aber er hat immerhin diese Rolle als Vater erfüllt. Ich bin meinem Vater und meiner Mutter für die innere Grundsicherheit, für ein Vertrauen im Leben, dass die äußeren Bedingungen, die man braucht, zur Verfügung stehen, ewig dankbar.

Ich habe mir noch nie die Frage gestellt, ob es gerade für mich als Mann schwieriger ist, über sexuellen Missbrauch zu reden. Mir ist es nicht deshalb schwergefallen, als Erwachsener überhaupt darüber zu reden, weil ich ein Mann bin. Ich sehe mich ohnehin nicht in der Rolle des typischen Mannes, der nicht reden darf – von wegen „Indianerherz kennt keinen Schmerz" und so ein Mist. Es war eher so, dass ein anderes Thema schwieriger war und im Zusammenhang mit dem Missbrauch für mich mehr im Vordergrund stand. Schwieriger war für mich die Auseinandersetzung mit meiner eigenen Sexualität und mit meiner Homosexualität.

Dass ich mich mit fast 30 das erste Mal meinem besten Freund und etwa zur gleichen Zeit einer sehr guten Freundin anvertraut habe, hatte einen langen Vorlauf. Mit Anfang 20 hatte ich eine religiöse Krise. Durch mein Theologiestudium habe ich gelernt, vieles kritischer zu hinterfragen. Und mit etwa 20, 21 Jahren gab es eine Phase, die mir nach und nach den Boden unter den Füßen weggezogen hat. Ich habe gemerkt, dass das Fundament meines Glaubens, das für mich offenbar gleichzeitig das Fundament meines Lebens war, mich nicht mehr trug. Ich wurde katholisch erzogen, war in der Jugendgruppe aktiv, begeistert von der Bibel und habe „natürlich" auch die Vorurteile gegenüber Homosexualität oder überhaupt gegenüber Sexualität geglaubt. Ich habe diese Brille der Vorurteile angewendet, um nicht nur andere, sondern auch mich selber zu geißeln. Man geht beispielsweise zur Beichte und sagt, ich tue „es" nie wieder. Dann merkt man aber, dass das nicht funktioniert und denkt, was man doch für ein schlechter Mensch sei. Das machte die Auseinandersetzung mit meiner Sexualität und besonders mit meiner Homosexualität noch schlimmer. Ich wollte eigentlich nicht homosexuell sein. Das Bewusstsein darüber, dass ich es doch bin, war wie eine doppelte Realität. Mir fällt da gerade das Bild ein von Kindern, die an das Christkind glauben. Einerseits wissen sie ganz genau, dass die Geschenke von der Mama oder vom Papa kommen. Andererseits glauben sie aber trotzdem an das Christkind. Es wird beides irgendwie als real empfunden, obwohl es offensichtlich nicht zusammengeht. Bei mir war es ähnlich. Natürlich habe ich gemerkt, was mich anmacht und wofür ich mich sexuell interessiere. Aber gleichzeitig gab es in mir eine Instanz, die mir eingeredet hat, dass ich nur wegen psychischer Probleme und wegen des Missbrauchs so empfinde. Und ich habe geglaubt, dass man die Homosexualität irgendwann wieder geraderücken kann, wenn ich in Therapie gehe, den Missbrauch verarbeitet habe, ich genug bete oder ich da rausgewachsen bin. So hat sich das mein Kopf irgendwie zurechtgelegt. Nebenbei gesagt – Gott sei Dank bin ich nie in eine Therapieform geraten, die Homosexualität korrigieren wollte. Mein Theologiestudium habe ich mit etwa 19 Jahren tatsächlich aus einer religiösen Naivität und Frömmigkeit begonnen und nach zwei Jahren Studium ist dann mein religiöses Gerüst zusammengebrochen. Eine meiner ersten Vorlesungen damals war im Fach Philosophie. An diesem Tag sagte der Professor: „Uns wird manchmal vorgeworfen, dass wir den Leuten hier ihren Glauben nehmen. Und ich kann ihnen nur eines sagen, wenn uns das gelingen sollte, dann wird es höchste Zeit." In meiner Frömmigkeit habe ich ihn erst einmal belächelt und gedacht, das betrifft vielleicht andere, aber nicht mich. Aber genauso ist es dann während des Studiums gekommen.

Im Nachhinein denke ich, er hat es ja gleich gesagt und gut so, dass es so gekommen ist. Aber in meiner religiösen Krise damals bin ich erst einmal abgestürzt und hatte eine schwere depressive Phase. Etwa ein halbes Jahr lang bin ich nicht mehr rausgegangen, war nur noch im Bett und habe Fernsehen geschaut. Das einzige, was ich noch geschafft habe, war der Weg auf die Toilette und runter zum Supermarkt. Alles andere konnte ich nicht mehr handhaben. Meine WG-Mitbewohner haben sich schon über mich gewundert, es aber eher verurteilt, dass ich mich so gehen lasse. Die kannten ja die Hintergründe nicht und ich hätte ihnen nicht erklären können, warum es mir so schlecht ging, selbst wenn sie mich gefragt hätten. Ich war einfach nur am Ende und wusste selbst nicht, was mit mir passierte. Das habe ich erst in der späteren Reflexion verstanden.

Nach diesem halben Jahr – und ich sage das jetzt so deutlich, obwohl das Mikrofon läuft – habe ich dann zu meinem Gott gesagt: „Fuck you! Du kannst mir überhaupt nicht helfen und wenn es dich nur so gibt, dann brauche ich dich nicht. Mit diesem Gottesbild kann und will ich nicht mehr weiterleben. Ich mach' jetzt mein eigenes Ding." Hauptsächlich in Bezug auf meine Homosexualität dachte ich mir, wenn er mich nicht so haben will wie ich bin, wenn er mich verurteilt wie ich bin, kann er mir gestohlen bleiben. Ich dachte, offensichtlich kann ich mich nicht ändern und das, was er hier abliefert, ist auch nicht das Gelbe vom Ei. Und dass wir hier eine Bibel an die Hand bekommen, die teilweise durch irgendwelche politischen Einflüsse motiviert und mitgeprägt worden ist und wir im Endeffekt sowieso nicht mehr wissen, an was wir uns halten können und wir angelogen werden von Tradition und Kirche, und die uns einreden, wie schlecht wir doch sind, so was kann ich nicht brauchen. Das war nach diesem halben Jahr eine Art Überlebensinstinkt, der aufbegehrte und sagte: „so nicht!" Das hat sich bei mir tatsächlich in diesem „fuck you" gebündelt. Irgendetwas in mir hat aber zudem verstanden, dass in mir ein Gottesbild ist, das von außen erschaffen wurde und mit dem ich mich aber nicht weiter identifizieren musste. Ich habe mir gedacht, dass, wenn nichts von dem stimmt, was mir beigebracht wurde, weil ja nichts tatsächlich auch nur halbwegs exegetisch belegt werden kann, ich dann ja völlig frei wäre in meiner Entscheidung, was ich überhaupt glauben will. Da hat es angefangen, in mir zu arbeiten und ich habe überlegt, worauf ich nicht verzichten möchte. Ich dachte, „ich möchte nicht auf das Leben nach dem Tod verzichten, das ist mir wichtig. Alles andere lassen wir jetzt erst mal offen und ich mache mich auf die Suche, woran ich noch glauben möchte".

Das war einerseits sehr befreiend. Ein wichtiger Punkt ist jedoch auch, dass ich es in diesem Prozess damals irgendwie geschafft habe, meine Gefühle zu blockieren. Ich hatte schon so lange und viel gelitten und als dann noch als Gipfel die religiöse Krise dazukam, habe ich einfach beschlossen, dass mir Gefühle nichts bringen, dass sie mich kaputt machen. Ich wollte nichts mehr fühlen. Und keine Ahnung wie es ging, aber es ging. Ich habe tatsächlich nichts mehr gefühlt. Ich hatte an nichts mehr Freude. Es war egal, ob ich mich mit jemandem traf oder allein daheim saß. Es war alles gleich. Es war nicht gut, es war nicht schlecht, es war einfach egal. Es hat Jahre gedauert, bis ich gemerkt habe, dass es das auch nicht sein kann, dass das auch kein Leben ist. Über eine Freundin habe ich dann von einer Therapeutin gehört, die sehr gut sein sollte. Zu der bin ich hin und habe ihr zunächst von dem Missbrauch erzählt. Das

Thema ist all die Jahre mitgelaufen und war für mich vor allem deshalb ein Problem, weil ich es nicht von den anderen Themen, die mich belasteten, auseinanderdividieren konnte. Ich habe mir jahrelang eingeredet, ich sei schwul, weil ich missbraucht worden war. Und dann auch noch von Jungs. Ich dachte, dass die Jungs mich geprägt, mich regelrecht schwul gemacht hätten. Und, wenn die mich schwul gemacht haben, dachte ich weiter, könne man das ebenso wieder heilen und irgendwie wieder geraderücken. Als ich endlich in die Therapie gegangen bin, konnte ich immer noch nicht zu meiner Homosexualität stehen. Es war immer noch ein Bereich, den ich abgespalten hatte. Es war eine total konfuse Situation in mir drin. Obwohl mich letztendlich meine emotionale Abtötung zur Therapie getrieben hat, war doch der Missbrauch und alles, was ich dem Missbrauch zuschrieb, der ausschlaggebende Grund dafür. Ich erinnere mich, dass es in der ersten Stunde fast ausschließlich um den Missbrauch ging. Ich habe damals alles, was schieflief in meinem Leben und alles, was mir nicht gutgetan hat, auf den Missbrauch zurückgeführt. Auch die Merkmale, die meine Persönlichkeit prägen, die negativen Charaktereigenschaften, die mir an mir nicht gefielen oder die Tatsache, dass ich einfach manchmal faul, unmotiviert oder auch mal schlampig bin oder es auch mal mit der Ordnung übertreibe – an allem war der Missbrauch und das Alleinsein mit der Situation schuld und das wollte ich nun endlich angehen.

Vor der Therapie hatte ich bei meinem besten Freund und meiner besten Freundin vorgefühlt, ob man so etwas wie Missbrauch überhaupt erzählen kann. Ich wollte ein Gefühl dafür bekommen, wie ein vertrauter Mensch, wie mein Umfeld nun darauf reagieren würde. Es war, als ob immer noch ein kleines Kind in mir steckte, das Angst hatte und wissen wollte, ob ihm der Himmel auf den Kopf fällt oder die Welt untergeht, wenn es darüber redet. So schlimm fühlte sich das an. Ich hatte es als Kind ja so erlebt – man darf das auf keinen Fall sagen, sonst passiert irgendetwas Schlimmes, meine Mutter fällt tot um oder so.

Als ich schon in Therapie war, habe ich eine Krisensitzung einberufen und all meine Brüder aus dem ganzen Bundesgebiet zu meinen Eltern beordert. Meine Schwester war meine Verbündete, die habe ich vorher eingeweiht. Und auch mit der Unterstützung meines besten Freundes habe ich diese Familiensitzung einberufen, ohne vorher zu sagen, worum es eigentlich geht. Ich habe nur gesagt, „ich brauche diesen Termin, ihr müsst alle da sein und mich unterstützen“. Tatsächlich waren dann alle da, meine Eltern ebenfalls. Dass ich mit ihnen gesprochen habe, ist übertrieben. Ich habe einen Monolog gehalten. Es war mir ein Bedürfnis, alles mal loszuwerden. Meine Familie sollte mich so kennenlernen, wie ich bin und nicht mit einem falschen Bild von mir weiter hantieren. Ich habe ein langes Schreiben vorbereitet und es komplett vorgelesen. Die Überschrift war: „Liebe Familie, böse Familie." Ich habe darin alles erzählt, was mir in dieser Familie widerfahren ist. Zu diesem Zeitpunkt konnte ich immer noch nicht sagen, dass ich homosexuell bin. Aber ich habe erzählt, dass ich Sex mit Männern hatte, die ähnlich einsam und verlassen waren, wie ich. Das war aber nur ein einziger Satz in dem Ganzen. Es war gut für mich, dass ich den Vortrag gehalten habe. Und es war auch gut, dass meine Schwester mich begleitet und mein bester Freund hinterher gefragt hat, wie es für mich gewesen sei. Nicht gut war, wie danach damit umgegangen wurde – es wurde einfach nicht darüber gesprochen. Meine Familie reagierte zwar in der Art, „okay, du hast gesagt, was du zu sagen hattest". Ein Bruder hat in etwa formuliert, „mit wem du Sex hast oder nicht, ist völlig okay und das ist deine Sache". Aber das war es dann auch schon. Ich wollte ihnen aus meiner Sicht mitteilen, was und wie ich es erlebt hatte und wie es mir damit nun ging. Mir ging es gar nicht darum, mit ihnen abzurechnen. Das war nicht meine Intention. Ich wollte nur, dass das alles aus diesem versteckten Loch rauskommt, dass es daliegt auf dem Tisch. Es war raus und ich musste nichts mehr verstecken. Aber wenn es dann daliegt und komplett ignoriert wird, dann hat es nicht ganz seinen Zweck erfüllt, um es mal etwas ironisch zu formulieren. Es hat bis heute keinen Austausch darüber gegeben. Aber immerhin hat es hier und da doch etwas bewirkt. Als einer meiner Brüder mal Eheprobleme hatte, sagte er mir hinterher, dass er durch mich gelernt hätte, dass man über alles reden kann. Und wir Brüder haben heute wirklich ein gutes Verhältnis und wir reden über alles. Nur das Thema Missbrauch wird einfach ausgespart. Mir ist jedoch bewusst, dass sie damals selbst nicht wussten, was sie da taten. Sie waren ja selbst noch Teenager.

Damit sind wir wieder beim Thema Gesellschaft und dass wir da noch viel aufzuholen haben. Man muss mit Kindern auch über Missbrauch durch andere Kinder reden, ihnen sagen, dass das nicht in Ordnung ist und erklären, was es vor allem für das Opfer bedeutet. Dass es nicht nur ein bisschen Spielerei ist. Man darf es aber nicht einfach nur verurteilen, wie meine Mutter es getan hat. Das ist ja für die Kids genauso schwierig. Sie haben in dem Alter ihre Sexualität nicht unter Kontrolle und müssen selbst erst lernen, wie man damit umgeht.

Man muss ihnen Hilfestellungen, Gesprächsmöglichkeiten anbieten, wie sie mit ihren sexuellen Gefühlen umgehen können. An wen sollen sie sich denn wenden, wenn wir ihnen nicht das Gefühl vermitteln, dass sie darüber reden dürfen? Und meist kommt ja noch Scham hinzu. Und das hat nicht nur mit einem katholischen Hintergrund zu tun. Die Scham ist sowieso erst einmal da. Und wenn dann noch im Aufklärungsunterricht Begriffe wie „Inzest" eingeführt werden, ohne dass erklärend darauf eingegangen wird, drückt es Kindern noch zusätzlich den kriminell-inzestuösen Stempel auf. Das verstärkt das Dilemma, dass man das auf keinem Fall jemandem erzählen darf, wenn man mit Geschwistern seine Sexualität entdeckt. Es ist schlimm, dass die Kids mit diesen Situationen so allein gelassen werden. Beim gesamten Thema Kinder- und Jugendsexualität ist noch viel Arbeit zu leisten. Ich hätte damals schon bei den Doktorspielen Unterstützung gebraucht, nicht erst beim Thema Missbrauch. Ich kann meiner Mutter nicht mal vorwerfen, dass sie damit überfordert war. Wo hätte sie den richtigen Umgang damit hernehmen sollen, wenn es darüber keine Informationen gab? Das einzige Mal, dass ich etwas über Kinder und Sexualität im Zusammenhang gehört habe, war in den 1970er-, 80er-Jahren. Damals gab es eine politische Bewegung von Fanatikern, die Sex mit Kindern legalisieren wollten. Das war das erste und einzige Mal, dass mir das Wort „Kindersexualität" begegnet ist. Ausgerechnet da. Und trotzdem ist das Wort wichtig und wir Erwachsene müssen darüber noch viel mehr lernen, um den Kindern Hilfestellung anzubieten. Kinder müssen ebenfalls lernen zu sagen, was sie wollen und was sie nicht wollen. Und sie müssen lernen zu sehen, wo die Grenzen des anderen sind, was der will und was nicht. Man will Kinder immer schützen, was ich verstehe. Es gibt viele Kinder, die in jungen Jahren noch nicht so weit sind, mit Sexualität umzugehen. Aber die, die schon früh ihre sexuellen Gefühle wahrnehmen, werden dann auf der Strecke bleiben. Und denen, die gegen ihren Willen durch Missbrauch mit ihren sexuellen Gefühlen konfrontiert werden, bieten wir ebenfalls keine Hilfestellung. Es hat sich schon ein wenig getan und ein paar Tabus sind schon etwas aufgeweicht worden. Aber es wird immer noch zu einseitig über Missbrauch berichtet, meist im Zusammenhang mit schlimmen Verbrechen, wie Verkauf von Kindern oder Mord. Das ist aber nicht der klassische Missbrauch. Es ist meist nicht der „böse Fremde", der das macht. Meist ist es ein geliebter Mensch aus dem nahen Umfeld, der missbraucht. Und auch darüber müssen wir reden.

Beim Thema Kindersexualität müssen wir alle entspannter werden und es als etwas Natürliches ansehen. Man kann einem Kind nicht oft genug sagen, dass es wunderbar ist, so wie es ist. Dass Sexualität etwas Wunderbares ist. Dass es manchmal zugleich etwas Schwieriges sein kann und man nicht immer Herr seiner Gefühle ist und manchmal Dinge tut, die man eigentlich nicht gut findet. All so was passiert – nicht nur uns Erwachsenen. Auch Kindern passiert beispielsweise, dass sich das Verhältnis zu ihrer Schwester oder ihrem Bruder plötzlich nicht mehr gut anfühlt, weil man da „was gemacht hat". Ich weiß zum Beispiel von meinen Neffen und Nichten, dass sie ebenfalls damit Erfahrungen gemacht und zum Glück einen Weg gefunden haben, darüber zu reden und damit zumindest schon mal nicht alleine waren. Sie haben zudem den Mut gefunden, mit mir als Onkel darüber zu sprechen und ich muss ehrlich sagen, ich war ebenfalls erst einmal hilflos. Natürlich habe ich mein Bestes getan. Aber im Endeffekt haben wir zu wenig Wissen darüber, wie man damit gut umgeht. Es geht nicht nur um die rein mechanische sexuelle Aufklärung. Nicht nur um Bienchen und Blümchen. Es geht vor allem darum, wie man mit seinen sexuellen Gefühlen gut umgeht. Und wie ich mit mir gut umgehe, wenn ich diese sexuellen Gefühle habe. Gefühle – und auch gleichgeschlechtlicher Sex – werden kaum gesund thematisiert. Andererseits gibt es eine Früh-Sexualisierung in der Öffentlichkeit und in den Medien, der sich Kinder kaum entziehen können. Aber bloß nicht über sexuelle Gefühle oder gleichgeschlechtliche Sexualität reden, weil sie davon verdorben werden? Dass sie mit ihren Gefühlen und einer gleichgeschlechtlichen Sexualität komplett alleine gelassen werden, ist dann auf einmal nicht mehr so wichtig. Da müssen sie dann alleine sehen, wie sie damit klar kommen. Ich habe viele Jahre Therapie gebraucht, um zu merken, dass es okay ist, dass ich als Kind sexuelle Gefühle hatte. Und dass es nichts Böses oder Schlimmes ist, das durch die Missbraucher erst in mir erzeugt wurde, sondern dass es einfach etwas ist, was Kinder auch empfinden und dass es gesund ist und nichts Krankes. Es gehört zum Menschsein dazu. Als ich das verstanden hatte, habe ich erst einen viel besseren, friedvolleren Umgang mit mir und meiner Gefühlswelt, meinen sexuellen Empfindungen gefunden. Vorher hatte ich sie verteufelt und dachte, das sei alles durch den Missbrauch gekommen. Wie kann sich jemals etwas ändern, wenn wir nicht darüber reden? Das Problem zu erkennen, ist ja nur der erste Schritt.

In der 10. Klasse hatte ich schon einmal versucht, mich wegen des Missbrauchs meinem Religionslehrer, der psychologische Sprechstunden anbot, anzuvertrauen. Ich hatte nicht das Gefühl, dass er gut damit umgehen konnte und mir schien, dass er damit überfordert war. Als Schulpsychologe war er vielleicht eher auf schlechte Noten und andere klassische Schulprobleme eingestellt und das Thema war damals ja längst noch nicht enttabuisiert. Jedenfalls fühlte ich mich bei ihm nicht gut aufgehoben und war dann wieder damit alleine. Das Alleinsein zieht sich durch wie ein roter Faden. Das war das Schlimmste an der ganzen Sache. Nicht darüber reden zu können, nicht darüber reden zu dürfen und nicht zu wissen, mit wem man überhaupt darüber reden kann. Und dass die, bei denen ich es dann tatsächlich geschafft hatte, mich zu öffnen, nicht wussten, wie sie damit umgehen sollten. Verstanden und aufgehoben gefühlt habe ich mich erst in der Therapie. Ich weiß noch – ich kam da hin und die Frau hat sich meine Geschichte angehört und hat mich so liebevoll angeschaut. Ich hatte endlich das Gefühl, jetzt versteht mich jemand. Sie hat nicht auf die Art reagiert, „ach wie schlimm alles, wie schlimm ihre Geschichte". Sie hat mich einfach nur liebevoll angeschaut und ich habe mich angenommen gefühlt und ich habe gedacht, „hier bin ich richtig". Das war für mich das Wichtigste. Und von da an ging es bergauf. Ich war viele Jahre bei ihr und habe nach meinem Studium selbst noch eine therapeutische Ausbildung gemacht. Ich hatte in der Zeit bei ihr viel gelernt und das wollte ich weitergeben.

Natürlich ist es nicht einfach mit so einem Thema wie Missbrauch zu leben und umzugehen. Nicht dass es einen ständig begleitet, aber es gibt immer wieder schwierige Situationen. Aber man lernt in der Auseinandersetzung damit zugleich so viel und kann viel weitergeben. Und sei es nur, dass ich einen Beitrag zu diesem Buch leiste oder einen anderen Aspekt mit reinbringen kann. Gerade dadurch, dass wir schwierige Dinge erleben, machen wir Erfahrungen und tragen zur Verbesserung der Welt bei. Und natürlich gleichzeitig zur Verbesserung unseres eigenen Lebens. Es ist nicht nur altruistisch. Ich mache das hier auch, weil ich merke, dass es mir guttut, mit jemandem zu sprechen, der ähnliche Erfahrungen gemacht hat und der sich für meine Geschichte interessiert. Ich habe mich lange nicht mehr mit dem Thema beschäftigt. Auch weil es ein Thema ist, mit dem man sich nicht immer beschäftigen muss. Es kann immer mal wieder Phasen geben, in denen es wieder dran ist. Aber ansonsten lebt man ein ganz normales Leben. Zwischendurch hat man genauso viel

Spaß, Party und berufliche Zeiten. Es ist ja nicht so, dass man kein Leben mehr hätte. Man hat ein Leben genau wie jeder andere und jeder andere hat genauso Probleme irgendwelcher Art. Ich kenne so viele Menschen, insbesondere durch meinen therapeutischen Beruf, aber auch im Freundeskreis, die Themen haben, die ihnen Schwierigkeiten bereiten. Man muss nicht nur Missbrauch erfahren, um schlimme Krisen zu erleben. Es ist das Leben, das uns schwierige Aufgaben stellt. Und das Thema Missbrauch ist nicht schlechter oder besser als irgendein anderes schlimmes Thema, mit dem jemand umgehen lernen muss. Aber der gesellschaftliche Umgang damit ist ein anderer. Wenn jemand zum Beispiel seinen geliebten Partner oder als junger Mensch seine Eltern verliert, ist das genauso traumatisch. Dann darfst du, auch öffentlich, leiden. Es gibt das sogenannte Trauerjahr, das allgemein akzeptiert ist. Man darf darüber reden und muss sich nicht mit Schuldfragen auseinandersetzen. Wenn du aber Missbrauch erlebt hast, sollst du das möglichst nur mit deinem Therapeuten bearbeiten. Oder dir wird unterstellt, dass du da nie mehr rauskommst.

Wenn es einem nicht gut geht oder man Probleme hat, macht man sich – hoffentlich – auf die Suche nach Lösungen und Dingen, die einem guttun. Als Jugendlicher habe ich die Lösung in der Religion gesucht und bin herbe enttäuscht worden. Bessere Hilfe habe ich dann in der Therapie bekommen, später aber zudem in der Meditation. Ich habe gemerkt, dass mir Meditation noch mal auf einer anderen Ebene hilft. Therapie setzt mehr bei der Ratio und bei den Emotionen an. Aber es gibt darüber hinaus, ich nenne es mal mangels eines besseren Begriffes, eine spirituelle oder seelische Ebene. Die Meditation hat mir noch mal bewusst, erlebbar und spürbar gemacht, dass ich perfekt bin, so wie ich bin. Das, was ich in der Meditation praktiziere, hat zwei verschiedene Namen. Das eine kommt aus dem östlichen und nennt sich „Zen-Meditation", das anderen aus dem westlichen und nennt sich „Kontemplation". Das sind zwei unterschiedliche Traditionen, sie beinhalten in der Essenz aber genau das Gleiche. Man setzt sich hin, ist still und kommt zu sich. Das ist sehr schwierig und es kann manchmal Tage dauern. Denn je stiller du wirst, desto lauter wird es im Kopf, desto lauter werden die Gedanken. Und diese Gedanken können in die Vergangenheit gewandt sein, im Sinne von „ja hätte ich doch" oder „warum habe ich nicht" oder „warum hat der nicht" – viele Vorwürfe nach außen und innen. In der Mediation habe ich gemerkt, dass diese Gedanken nichts mit mir zu tun haben. Dass sie wie Wolken kommen und gehen und dass ich mich nicht mehr mit ihnen identifizieren muss. Aber das ist eine schwere Übung, weil man sich von seinen Gedanken trotzdem immer wieder mitreißen lässt. Es gibt verschiedene Möglichkeiten, Atemübungen oder Mantras, um zu lernen, in die Stille und zu mir zu kommen. Das gelingt zwar meistens nicht, aber es gelingt immer wieder mal. Man darf sich aber nicht überfordern und sich das auferlegen, sonst hätte man immer wieder das Gefühl zu scheitern. Etwa zweimal im Jahr nehme ich an einem fünftägigen Retreat teil. Außer bei notwendigen Ausnahmen wird dort komplett geschwiegen. Das brauche ich zum Auftanken. Und auch wenn der Effekt von innerem Frieden und Bei-sich-Sein, nicht lange anhält, ist es doch etwas, was mir langfristig guttut. Ich mache das jetzt seit etwa zehn Jahren und es holt mich immer wieder zu mir. Dass ich perfekt bin, so wie ich bin, ist nicht nur eine hohle Floskel für mich. Das ist das, was ich erlebe und bestätigt bekomme durch die Meditation. Es gibt nichts zu verurteilen. Es geht darum, bedingungslos anzunehmen, wer und was ich bin.

Je mehr ich gelernt habe, mich so zu lieben, wie ich bin, desto mehr habe ich auch einen Weg gefunden, meine Brüder so zu nehmen, wie sie sind und wie sie waren. Und zu verstehen, dass sie damals selbst noch Teenager waren. Den Gräuel auf sie loszulassen, macht mich freier und versöhnter. Gut, wir reden untereinander nicht darüber, was damals war, aber es liegt zumindest offen auf dem Tisch und jeder weiß Bescheid und wir können trotzdem liebevoll und respektvoll miteinander umgehen. Das wäre nicht möglich, wenn ich nicht so an mir gearbeitet hätte. Ich bin zwar durch den Missbrauch zur Selbstauseinandersetzung gezwungen worden, aber es war ja nicht nur schlecht, sich mit vielem auseinanderzusetzen. Ich hätte nicht so tiefe Einblicke in die menschliche Seele bekommen und in die Möglichkeiten, die wir haben, unser Menschsein voranzubringen und zu uns selbst zu kommen, wenn ich nicht so eine Krise erlebt hätte. Ich kann auch nicht sagen, wozu es so viel Leid gibt. Aber ich weiß, wir können das Leid nutzen. Ich glaube, ich wäre viel oberflächlicher, wenn ich nicht die Erfahrung von Leid gemacht hätte. Und ich sehe es als etwas Positives, dass ich nicht so oberflächlich bin. Das ermöglicht ja beispielsweise menschliche Nähe. Damit eine menschliche Nähe möglich ist, unter Umständen obwohl man sich eigentlich nicht kennt, muss ich erst einmal die Oberfläche verlassen haben und tiefer ins menschliche Wesen eingedrungen sein. Und wenn du merkst, dass dein Gegenüber das ebenfalls vollzogen hat, kann man sich auf einer viel tieferen Ebene verständigen und begegnen. Das macht mich, das macht uns als Menschen viel authentischer. Das ist ebenfalls eine der positiven Lehren, die ich aus dem Missbrauch ziehen konnte.

Ich bin kein Opfer, aber ich bin auch kein Überlebender. Das Wort Überlebender mag ich nicht. Es spricht mich einfach nicht an, das bin ich nicht. Das dramatisiert alles auf einer gewissen Ebene völlig unnötig. Ich spreche hier natürlich ausschließlich über meine Erfahrungen und nicht über die von jemand anderem. Für andere kann ich nicht sprechen. Jede Erfahrung ist individuell. Und mit Sicherheit macht es noch mal einen Unterschied, ob jemand tatsächlich Gewalt im Sinne von körperlichem Schmerz zugefügt bekommen hat. Oder ob jemand an Leib und Leben bedroht wird. Das ist noch mal eine ganz andere Dimension und war bei mir eben nicht der Fall. Ich habe mir noch nie Gedanken darüber gemacht, wie ich mich, wie ich es benennen würde. Aber spontan bleibe ich bei Erfahrungen. Erfahrungen von Freud oder Leid, mit denen ich versuche, so gut wie möglich umzugehen. Und das betrifft nicht nur Missbrauchsopfer, das betrifft jeden. Das macht mich zu niemand Besonderem, sondern das verbindet uns ja auch. Ich möchte mich nicht ausgrenzen. Vielleicht ist das aber zugleich die Gefahr, in die man als Missbrauchsopfer kommt – dass man sich als „etwas anderes" ausgrenzt. Dass man denkt, ich bin ganz anders als alle anderen. Gut, zuerst einmal ist das „Sich-anders-Fühlen" eine menschliche Grunderfahrung, die jeder Teenager irgendwann einmal macht und die entwicklungspsychologisch durchaus sinnvoll ist. Aber bitte schön nicht in dem Sinn, „weil ich ein Opfer bin". Und dann auch noch ein Missbrauchsopfer. So wirkt es selbstzerstörerisch. Aber natürlich verstärkt das Tabu, nicht über Missbrauch reden zu dürfen, das Gefühl anders zu sein, auch noch. Deswegen komme ich immer wieder darauf zurück: Es ist das Schlimmste, nicht reden zu dürfen und allein zu sein. Ich kann es nicht oft genug betonen. Es war für mich so eine Erlösung, als ich endlich bei der Therapeutin angekommen bin und zum ersten Mal das Gefühl hatte, ich bin nicht mehr allein. Als ich mit meinem Freund und meiner Freundin vor der Therapie darüber geredet habe, war ich zumindest nicht mehr in dem Wissen um das, was geschehen ist, allein. Aber ich war immer noch mit dem Gefühl allein, dass mir niemand helfen kann. Dass mich die Therapeutin liebevoll und wohlwollend angeschaut hat, war schon mal ein wichtiger erster Schritt. Sonst wäre ich den zweiten nie gegangen.

Ich habe mich durch die Missbrauchserfahrung außerdem aus der männlichen Welt ausgegrenzt gefühlt. Es war eine Erleichterung für mich, als mir ein anderer Freund einmal erzählte, dass er ähnliche Erfahrungen gemacht hatte: Als er noch ein kleiner Junge war, haben ihm ältere Jungs im Hallenbad die Hose runtergezogen und sich über seinen Pimmel lustig gemacht. Das war für ihn schlimm und er meinte, er könne sich ein wenig vorstellen, wie es für mich gewesen sein muss. Auch wenn er kein Missbrauchsopfer war – allein, dass jemand nachvollziehen konnte, dass es schlimm ist, wenn etwas ganz Persönliches nicht geschützt ist, das hat mir schon gutgetan. Und vor allem, dass es ein Mann nachvollziehen konnte. Es hat mir gutgetan, als Mann dazuzugehören und zu sehen, dass uns, über die reine Freundschaft hinaus, etwas als Männer verbindet. Erfahrungen zu haben, die in die eigene geschützte Intimität gehen. Banal ausgedrückt, einen Pimmel zu haben und wie man sich fühlt, wenn man ungeschützt ist und sich irgendjemand in irgendeiner Art über die eigene Intimität äußert oder sich dazu verhält. Die Erfahrung des Ungeschütztseins mit einem anderen Mann zu teilen, war für mich wertvoll und sehr wichtig.

Und ungeschützt zu sein, ist eine schwierige Erfahrung. Es bedeutet, dass jeder, der stärker oder älter ist, mit dir machen kann, was er will. Ob das nun mit Absicht geschieht oder nicht, sei jetzt mal dahingestellt. Als Kind hast du oft einfach keine Ahnung, das etwas passieren könnte, was dir nicht guttut. Du bist offen und neugierig. Und diese kindliche, unbedarfte Offenheit, ist ja eigentlich etwas Schönes. Aber sie kann eben auch missbraucht werden. Das ist eine Realität und passiert ständig, nicht nur bei Missbrauch. Da, wo ich offen und unbedarft der Welt begegne, kann das in irgendeiner Form missbraucht werden. Diese Offenheit ist aber zugleich wichtig und wir müssen lernen, sie trotzdem zu erhalten. Denn wenn wir aus lauter Angst verletzt zu werden, vieles nicht mehr zulassen, nehmen wir uns viel von unserer Lebensqualität. Problematisch wird es dann für mich, wenn ich anfange, mir einzureden, dass es Menschen gibt, bei denen alles super läuft, vielleicht, weil sie keine Missbrauchserfahrung haben. Wenn ich ganz junge Männer sehe, bin ich manchmal ganz neidisch, wie unbefangen die ihre Sexualität leben, sich durch die Gegend vögeln und einfach Spaß haben und sich keine Gedanken darüber machen, dass es etwas Schlechtes sein könnte. Das ist sowohl in der Hetero- als auch in der Schwulenwelt so. Viele Männer leben einfach viel offener und freier. Das finde ich schön, aber ich bin gleichzeitig neidisch.

Damit Jungs und Männer, die missbraucht wurden, sich in meiner Geschichte wiederfinden können, auch wenn sie nicht homosexuell sind, ist mir eines jetzt noch mal wichtig zu sagen: Missbrauch und sexuelle Orientierung haben erst einmal nichts miteinander zu tun! Es gibt Hetero-Männer, die Jungs missbrauchen und es gibt Homo-Männer, die Mädchen missbrauchen. Und umgekehrt erfahren Kinder Missbrauch, egal, welche sexuelle Orientierung sie haben. Und selbst wenn es sich grundsätzlich nicht gut anfühlt, kann es beim Missbrauch eine körperliche Reaktion geben und man empfindet vielleicht trotzdem sexuelle Lust. Auch ein heterosexueller Junge kann im gleichgeschlechtlichen Kontakt sexuelle Lust empfinden. Sowohl mit Gleichaltrigen als auch in einer Missbrauchssituation mit einem Mann. Für einen Jungen kann das eine Identitätskrise bedeuten, weil er nicht weiß, wie er das einordnen muss. Aber ob man in Missbrauchssituationen nun Lust empfunden hat oder nicht, das sagt überhaupt nichts über die sexuelle Orientierung aus. Es hat überhaupt nichts damit zu tun, es ist eine völlig andere Baustelle. Für einen Jungen ist es zunächst einmal überhaupt schwierig wahrzunehmen, dass er beim Missbrauch gleichgeschlechtliche Lust empfindet und nicht weiß, wie er damit umgehen soll oder was das für ihn bedeutet. Und auch Hetero-Jungs, die gleichgeschlechtlichen Missbrauch erfahren oder Homo-Jungs, die von einer Frau missbraucht werden, dürfen sich im Hinblick auf ein mögliches Lustempfinden in ihrer eigenen sexuellen Orientierung nicht davon beirren lassen. Sie alle können einen Weg finden, das auseinanderzudividieren. Eine gleichgeschlechtliche Lusterfahrung in einer unverfänglichen Situation, wie beispielsweise bei Doktorspielen, hat ebenfalls nichts mit der sexuellen Orientierung zu tun. Das ist zunächst einmal nur die Entdeckung, die Wahrnehmung und das Ausprobieren der eigenen Sexualität. Mit dem, was sich dann als die eigene Sexualität entpuppt, mit der man geboren ist, kann man sich trotzdem frei und unbedarft auf die Suche machen und sich entdecken. Es gibt keine Missbrauchserfahrung, die dich schwul oder hetero macht. Es sind zwei getrennte Dinge, die man in einem therapeutischen Prozess oft erst einmal mühsam auseinander klamüsern muss. Ich glaube, es ist hilfreich, das im Vorfeld schon mal gehört, oder in diesem Fall gelesen, zu haben. Als Betroffener vermischt man das gerne miteinander. Es ist körperlich ja alles hoch emotional und du kannst es erst einmal nicht voneinander trennen. Man weiß erst einmal nicht, was wo herkommt. Um es von einer anderen Seite zu betrachten – wenn man keine Missbrauchserfahrung gemacht hat, durchläuft man ebenfalls einen Prozess der sexuellen Selbstfindung. Und der läuft auch bei jedem anders ab.

Wenn ich den Missbrauch bei mir mal weglasse, dann bleibt trotzdem noch eine positive Erfahrung mit meinem gleichaltrigen Cousin und die möchte ich nicht missen. Mein Cousin ist hetero, ich nicht, und trotzdem haben wir beide als Kind Lust aneinander empfunden und erlebt, und das über mehrere Jahre hinweg. Irgendwann habe ich gemerkt, dass es ihm nicht mehr so viel Freude macht und er sich Bilder von nackten Frauen angeschaut hat. Das hat mich aber überhaupt nicht interessiert und war für mich erst mal verwirrend. Ich habe mich gefragt, warum das bei mir nicht so ist und dachte, ich bräuchte da wohl etwas länger. Er war durch unsere gemeinsame Erfahrung nicht in seiner Hetero-Entwicklung behindert. Mit zwölf, 13 war das für ihn einfach gegessen, weil er dann andere Möglichkeiten der Selbstverwirklichung gesucht und gefunden hat. Und ich musste in meinem Prozess auf meine Weise weitergehen. Trotzdem waren es für uns beide wertvolle und schöne Erfahrungen. Im gegenseitigen Einvernehmen, mit Verständnis, mit Schauen, was will der andere, was will ich. Das war vorpubertäre Sexualität, wie sie eigentlich nicht besser laufen kann. Ich bin froh, dass ich diese positiven Erfahrungen gemacht habe, parallel zu den Missbrauchserfahrungen. Dadurch habe ich eine Vorstellung davon bekommen, was eine gute und gesunde Sexualität sein kann.

Manchmal bereitet uns das Leben schwierige und schlimme Erfahrungen. Ich weiß nicht, warum das so ist oder ob das einen Sinn hat. Aber, was ich weiß, ist, dass wir an diesen Erfahrungen wachsen und zu mehr Verständnis uns selbst, aber auch anderen gegenüber gelangen können. Die Alternative wäre, wie eben schon mal gesagt, Oberflächlichkeit. Und auch hier kann man manchmal neidisch sein auf Menschen, die einfach vor sich hinleben und Spaß oder auch keinen Spaß am Leben haben, weil ja sowieso alles egal oder oberflächlich ist. Ich behaupte für mich, dass es mir keinen Spaß gemacht hat, oberflächlich zu sein. Eine Zeit lang schon, aber irgendwann habe ich gemerkt, dass mir eine menschliche Dimension fehlte. Allein um das zu erkennen, hat das Leid, zumindest für mich, einen Sinn gehabt und hat es immer noch. Vielleicht ist das zugleich der größere Kontext, in dem man das Thema Missbrauch einordnen könnte – in den Kontext der leidvollen menschlichen Erfahrungen. Das macht uns, die wir Leidvolles erfahren, nicht zu etwas Besonderem oder zu Außenstehenden, sondern verbindet uns mit dem Großteil der Menschen, die ebenfalls schlimme Erfahrungen machen. Ausgegrenzt sein, allein sein ist immer ein Thema für mich gewesen und deshalb suche ich heute eher nach verbindenden Dingen. Die Erfahrung von Leid, Trauer und Schmerz ist zwar etwas, das mich zuerst einengt. Aber durch die Verarbeitung öffnet es mich auch mehr gegenüber anderen Menschen. Das hat für mich eine verbindende Dimension. Und um hier noch mal auf die Meditation zurückzukommen – in den Retreats meditieren wir in Gruppen mit 15 bis 20 Leuten. Gerade weil man da nicht miteinander spricht, merkt man, dass man auf einer anderen Ebene verbunden ist. Man hat trotzdem Blickkontakt und kommuniziert nonverbal beim Essen. Man achtet mehr aufeinander und schaut, ob der andere beispielsweise Salz braucht oder noch mal nachfassen möchte. Es ist ein sehr stiller, liebevoller Umgang miteinander. Und das schafft eine verbindende Ebene, die, gerade weil man nicht miteinander spricht und sich nicht so viel mit Worten ablenkt, viel deutlicher zutage treten kann. Natürlich spielt es dabei eine Rolle, dass wir uns in einem geschützten Rahmen begegnen und die Leute mit einer bestimmten Intention hingehen. Das Setting unterstützt, dass man sich gegenseitig mit Wohlwollen begegnet. Aber dadurch, dass ich da merke, dass es etwas Tieferes gibt, was uns miteinander verbindet, kann ich das auch auf andere Begegnungen übertragen.

Mit Missbrauchserfahrungen umzugehen, ist ein schwieriger und ein leidvoller Weg. Aber es ist insgesamt, bei all den Dingen, die man dabei lernen und mit denen man sich auseinandersetzen muss, darüber hinaus ein sehr fruchtbarer Weg. Wenn man in der Scheiße sitzt, kann man sich das erst einmal gar nicht vorstellen, aber es gibt ein Leben danach. Es ist auch während der Krisen ein wertvolles Leben, selbst wenn man es währenddessen nicht so empfindet. Im Rückblick habe ich gemerkt, wenn ich das nicht so durchgestanden hätte, wären mir viele wertvolle Erfahrungen nicht zuteil geworden. Vieles von dem, was wir als Leid erfahren, kann, muss aber nicht mit dem Missbrauch zusammenhängen. Meine frühkindliche Sexualität war schon vor dem Missbrauch da und muss nicht durch den Missbrauch geweckt worden sein. Oder meine psychischen Dispositionen, wie ich als Mensch auf die Welt gekommen bin, mein Charakter und meine Eigenschaften, die ich einfach mitbekommen habe – dass ich zum Beispiel ein bisschen bequemer bin, nicht so viel Freude an Bewegung und Sport habe und so weiter – das sind alles Dinge, die nichts mit dem Missbrauch zu tun haben. Aber ich glaubte das immer, dass sie daher kommen. Und solange ich alles auf den Missbrauch reduziert hatte, konnte ich damit keinen Frieden finden und mich nicht so annehmen, wie ich bin. Es muss ja nicht jeder im Sportverein sein und niemand hat das Recht, mich dafür zu verurteilen, nur weil er oder sie mit einem großen Bewegungsdrang geboren ist. Einer meiner Neffen ist begeisterter Fußballer und kann sich nichts Schöneres vorstellen, als Fußball zu spielen. Stell mich mal auf den Platz – das ist für mich Folter. Da kann ich nichts dafür, ich habe es mir nicht ausgesucht. Genauso wenig habe ich mir ausgesucht, dass ich schwul bin. Vieles hat man einfach mitbekommen und muss nun damit umgehen und versuchen das Beste daraus zu machen. Überheblichkeit ist eine der Eigenschaften, die ich verstärkt bei Menschen bemerkt habe, die bestimmte leidvolle Erfahrungen nicht gemacht haben. Aus der Überheblichkeit und Ignoranz kommt man durch die Auseinandersetzung, durch das Verstehenwollen und das Wachsen an leidvollen Erfahrungen heraus. Leidvolle Erfahrungen zu machen, ist nichts Besonderes. Und wenn die Gesellschaft anerkennen würde, dass man verletzlich sein darf, wäre vieles vielleicht einfacher.

Dazu fällt mir in dem Zusammenhang nun noch die Medienberichterstattung ein. Der Großteil der Schlagzeilen ist darauf ausgerichtet, unsere Sensationsgier zu stillen. Ich nehme mich da gar nicht aus und es gehört anscheinend zu unserem Menschsein dazu. Aber das kann ja nicht das Ziel der vielen Berichte sein. Ich denke, das Ziel sollte sein, mehr Mitgefühl für andere zu erwecken. Und Mitgefühl fängt immer, immer, immer bei mir selbst an. Ich muss erst lernen, mir selbst Mitgefühl zu schenken. Und manchmal gibt es Menschen, die wie Engel in dein Leben treten und dir ein liebevolles Lächeln und damit erst einmal eine Ahnung davon schenken, wie es sein kann, sich selbst liebevoll anzuschauen. Das liebevolle Lächeln, der liebevolle Blick meiner Therapeutin damals hat mir eine Idee davon gegeben, was ich denn eigentlich suche in dem ganzen Chaos. Ich sag' es jetzt noch mal – wenn du in der Scheiße sitzt, hast du keine Ahnung davon, dass es außerhalb der Scheiße überhaupt noch etwas Anderes, etwas Schönes gibt. Dass es wirklich etwas gibt, das es wert ist, sich da herauszuarbeiten. Vielleicht muss man dazu erst einmal eine Idee von dem Schönen haben und braucht zudem mal ein Anstoß von außen. Deshalb ist es ja so wichtig, aus der Einsamkeit herauszutreten. Wenn du dich nicht öffnest, mit dem, wer du bist und was dich beschäftigt, bekommst du diesen Anstoß, die Idee des Schönen nicht. Und du kannst niemals liebevoll angeschaut werden, wenn du dich nicht zeigst. Man hat sicherlich gute Gründe, sich zunächst nicht zu öffnen. Und jeder sollte sich seine Zeit nehmen und entscheiden, wann es für sie oder ihn richtig ist, sich jemandem mitzuteilen. Ich möchte trotzdem Mut machen, sich die richtige Person auszusuchen, mit der man sich das erste Mal vertrauensvoll austauschen kann. Man muss dafür nicht den großen Bing, eine Pressekonferenz oder was weiß ich einberufen. Der Anfang ist erst mal ein Vier-Augen-Gespräch mit jemandem, dem man vertraut. Und es hilft, vorneweg zu sagen, was man sich von der Person wünscht. Das hilft übrigens auch der Person, der man sich mitteilt. Sie wird vielleicht genauso erst einmal von dir ganz schön überfordert, weil sie ja nicht damit rechnet, dass so eine Bombe kommt. Das heißt, wenn du jemanden hast, dem du dich offenbaren möchtest, ist es gut, demjenigen ein paar Tipps zu geben, auf was er sich vorbereiten kann und was du von ihr möchtest oder nicht möchtest. Um es zu konkretisieren – wenn ich möchte, dass mein bester Freund, meine beste Freundin wissen, dass ich missbraucht worden bin, auch weil ich möchte, dass sie mich wirklich kennen, wie könnte ich das machen? Ich schaffe einen Rahmen, wo wir zu zweit sein können und wo wir genügend Zeit haben. Und ich sage der Person, dass ich Zeit mit ihr brauche, weil ich etwas Wichtiges mit ihr zu besprechen habe, etwas das mir auf dem Herzen liegt. Dass es etwas gibt, von dem ich möchte, dass sie es von mir weiß und dass es nicht leicht ist für mich, das auszusprechen. Dass ich sie jetzt als Freund brauche und es hilfreich für mich wäre, wenn sie mich nicht unterbrechen würde. Dass sie dazu nichts sagen muss, aber kann, wenn sie möchte. Was auch immer ich von der Person gerade brauche, kann ich im Vorfeld ansprechen. Da sollte jeder und jede schauen, was für ihn oder sie wichtig ist. Ich kann nach dem Gespräch noch nachschieben, dass ich weiß, dass ich da eine schlimme Erfahrung gemacht habe und ich mich zwar manchmal wie ein Opfer fühle, aber jetzt nicht von ihr als Opfer behandelt werden möchte. Und, dass ich kein Mitleid möchte. Man sollte sich möglichst selbst klar darüber sein, was man braucht und das dann kommunizieren. Das macht es dem anderen dann leichter. Und wenn ich mich dazu in der Lage fühle, kann ich meinen Gegenüber danach fragen, wie es ihm, mit dem was ich erzählt habe, geht. Ich kann anmerken, dass ich ein bisschen Feedback möchte. Es kann ebenso ein Therapeut oder ein Priester sein, dem ich mich anvertraue. Bei allem, was an Schlimmen in der Kirche passiert, gibt es dennoch Priester, die sich wirklich Mühe geben, gute Seelsorge zu betreiben. Es sollte einfach jemand sein, dem du vertraust und den du gut kennst. Man sollte sich aber dabei der Möglichkeit stellen und sich vorher damit auseinandersetzen, dass der Mensch, dem ich mich anvertraue, zunächst einmal nicht gut damit umgehen kann, warum auch immer. Und dagegen sollte man sich wappnen. Auch, um das persönliche Risiko so klein wie möglich zu halten, ist die ganze Vorbereitung so wichtig. Wenn ich schon im Vorfeld merke, da kommt eher Skepsis oder ein „lieber nicht", dann habe ich für mich einen Schutz geschaffen oder merke, dass es bei dem anderen vielleicht gerade nicht passt. Das ist fair in Bezug auf dein Gegenüber. Er hat dann die Möglichkeit zu erspüren, ob es in eine Richtung geht, mit der er sich nicht wohl fühlt. Es ist wichtig, dass man für beide Seiten einen sicheren, richtigen Rahmen schafft. Hier habe ich eine Gestaltungsmöglichkeit.

Wenn ich über den Missbrauch rede, kann ich befürchten, dass der andere mich nicht mehr mögen wird, wenn er das von mir weiß. Und zusätzlich steckt in Missbrauchserfahrungen oft das Gefühl von Schuld – dass man sich als Opfer schuldig fühlt. Schuldig, dass man sich nicht gewehrt hat, dass man zugelassen hat, dass ein Teil von mir die sexuelle Befriedigung vielleicht ebenfalls wollte, da man als Kind schon sexuelle Gefühle hatte und so weiter. Das alles auseinander zu dröseln, ist nicht leicht und braucht sicher einen therapeutischen Prozess. Wenn ich jemandem erzähle, dass ich missbraucht worden bin, befürchte ich vielleicht, mich als jemand zu outen, der schwach ist, der ein Opfer ist, der klein ist. Der kein Macho und kein Superheld ist, sondern jemand, der Probleme und Schwächen hat. Und es kann durchaus sein, dass dein Gegenüber mit so einem Weichei nichts zu tun haben will, um es mal negativ zu sagen. Ich muss mir überlegen, was es mir wert ist – da sind wir wieder bei der Männerrolle – dieses Bild vom tollen, taffen Kerl zu erfüllen. Ich sehe es so, dass ich ein toller, taffer Kerl bin, gerade weil ich in der Lage bin, mit Leid umzugehen. Aber auch das muss man erst lernen. Die „Alternative" ist, sich von sich selbst abzuspalten und sich selbst und anderen nur den harten Kerl zu zeigen. Ich finde, ich bin nicht nur taffer geworden, sondern auch souveräner. Ich muss das Schwache nicht verdrängen oder weghalten, sondern ich kann es zulassen. Ich denke, erst dadurch bin ich wirklich cool, weil ich sagen kann, „ja und?". Mir kann keiner mehr ans Bein pinkeln und sagen, „was bist du denn für einer?". Ich verdiene Achtung und Respekt dafür, dass ich das kann und das kann ich auch einfordern.

Noch heute erlebe ich oft Gefühle von Traurigkeit, die einfach da sind und die ich nicht auf ein aktuelles Geschehnis beziehen kann. Ich weiß nicht, wo die Traurigkeit herkommt. Es kann sein, dass sie noch ein Relikt aus der Kindheit ist, dass sie noch nicht verarbeitet ist. Andererseits kämpft einer meiner Brüder ebenfalls sehr stark mit einem Gefühl von Traurigkeit, das er nicht zuordnen kann. Und er bezieht sie dabei nicht auf seine Täterschaft im Missbrauch, sondern holt sie aus einem anderen Kontext – als Kind zu wenig Beachtung bekommen zu haben, zu wenig wahrgenommen worden zu sein, zu wenig Trost und Zuwendung bekommen zu haben. Das alles sind gleichfalls Dinge, die uns Leid bereiten und nichts mit Missbrauch zu tun haben müssen. Kann sein, kann aber auch nicht sein. Es gehört einfach zum Mensch sein dazu, dass wir Leid erfahren und Gefühle von Traurigkeit, von Niedergeschlagenheit haben und nicht wissen, wo die herkommen. Alle möglichen Dinge können uns in der kindlichen Offenheit passieren. Es kann eigentlich nur schiefgehen. Welche Eltern schaffen es, sich immer richtig zu verhalten, immer fördernd und liebevoll zu sein? Eltern sind mal genervt und gestresst oder nehmen gar nicht wahr, dass da gerade Bedürfnisse sind. Und das Kind kann dann nicht sagen, „du Mama, ich bin schon drei und kann schon sprechen, also lass uns mal darüber reden, dass ich traurig bin". Ein Gefühl von Traurigkeit ist ja vielleicht ein Hinweis darauf, dass da etwas ist, das noch nicht ans Licht gekommen ist. Das noch nicht angeschaut worden ist oder nicht angeschaut werden konnte, weil noch nicht die Zeit dafür war. Auch das ist eine ganz normale menschliche Erfahrung – dass wir nicht mit einem Mal die große Lösung bekommen und dann ist alles Friede, Freude, Eierkuchen. So wird es niemals sein und wenn du danach suchst, dann suchst du lange. Ich glaube den Frieden findest du dann, wenn du dazu Ja sagen kannst, dass es immer wieder Dinge gibt, die in einem schlummern, die entdeckt, gesehen und gelebt werden wollen. Das zu entblättern wie eine Zwiebel, ist nicht immer angenehm, aber eine lohnende Aufgabe.

Ich überlege gerade, was ich meinem jüngeren Ich mitgeben würde, wenn ich eine Zeitreise machen könnte: „Du hast alles, was du brauchst. Du brauchst nur einen Schritt nach dem anderen gehen und du wirst da ankommen, wo du hinwillst." Es geht darum, dem jüngeren Ich oder anderen Menschen, die gerade erst anfangen, sich mit dem Thema auseinanderzusetzen oder mitten im Bewältigungsprozess sind, Mut zu machen. Es geht darum zu sagen, „du brauchst keine Angst haben, weil du alles hast, was du brauchst, um damit auf eine gesunde Art und Weise umzugehen. Du hast alles, um das herauszufinden und gerade durch diese Erfahrung zu reifen". Und das ist wieder etwas, das nicht nur für Missbrauchsopfer gilt. Es ist die Frage eines Menschen an sich selbst: „Wie gehe ich mit schwierigen oder leidvollen Erfahrungen um?" Du hast verschiedene Möglichkeiten – du kannst es verdrängen, du kannst es totschweigen, du kannst es jedem erzählen, es twittern. Du hast alle Möglichkeiten, die du dir aussuchen kannst. Du kannst es auch wegsperren und nie wieder anschauen und es ist sogar möglich, es selbst zu vergessen. Aber du musst dir darüber im Klaren sein, dass du, wenn du es wegsperrst, einen Teil deiner Seele wegsperrst. Ein Teil der dann nicht mehr angeschaut, nicht mehr gelebt und nicht mehr geliebt werden kann. Ein Teil von dir selbst, ein Teil von dem, wer du bist und ein Teil von dem, das angeschaut und geliebt werden möchte. Das ist der Preis, den du dafür bezahlst. Und das muss dir klar sein, wenn du dich dafür entscheidest, es wegzusperren. Wenn du allerdings merkst, ich fühle mich zu jung oder außerstande, jetzt mit dem Thema umzugehen, dann ist es psychologisch und menschlich manchmal hilfreich und sinnvoll, es tatsächlich zu parken. Und zu sagen, „okay, ich weiß, ich habe dieses Thema und ich weiß, ich brauche vielleicht noch ein paar Monate oder ein paar Jahre, bis ich einen Weg gefunden habe, mich da zu öffnen. Und solange bewahre ich es für mich aber in meinem Herzen". Jeder braucht seine Zeit und die Zeit muss manchmal reifen dürfen. Mein Beitrag hier ist nicht so gemeint, dass man sich jetzt unter Druck setzen muss, es anzugehen. Du darfst warten, bis die Zeit reif ist, bis du dich öffnen kannst. Und du musst dabei keine Angst haben, dass du jetzt deine Seele beschneidest. Das wollte ich damit um Gottes Willen nicht sagen. Es ist vielmehr gesund, das alles mal eine Zeit lang in sich und für sich zu bewahren, wenn man das Gefühl hat, man braucht mehr Zeit dafür. Und es ist egal, ob ich mich als homosexuell outen möchte, ob ich ein Missbrauchsthema habe oder vielleicht an jemandem schuldig geworden bin, weil ich ihm absichtlich oder unabsichtlich wehgetan habe. All das kann man für sich bewahren. Aber man sollte immer mal wieder einen Blick darauf werfen und sich fragen, was man noch braucht, um sich irgendwann einmal jemandem öffnen zu können. Es geht nicht darum, dass wir, die hier ihre Geschichte und ihre Erfahrungen teilen, aufzeigen, dass wir es geschafft haben und sagen, du musst es auch schaffen. Die bessere Überschrift für meinen Beitrag ist: „Lerne mit dir selbst liebevoll umzugehen!" Jeder entscheidet für sich, wann und wie es abläuft. Und selbst das weißt du auch nicht im Vorhinein. Rückblickend ist es immer leicht, es zu sehen. Aber ich sage es jetzt noch mal in aller Deutlichkeit – du hast alles, was du brauchst und du darfst einen Schritt nach dem anderen gehen. Du musst dich zu nichts zwingen, du darfst mit dir selbst verständnisvoll und liebevoll umgehen und dir alle Zeit der Welt nehmen, die du brauchst.

Steffi Meyer

„Don't let the bastards get you down."

Ich bin 39 Jahre alt, Politikwissenschaftlerin mit Schwerpunkt Konfliktforschung, systemischer Coach und Traumafachberaterin. Ich arbeite als Fachreferentin für psychosoziale Traumaarbeit bei „medica mondiale" in Köln. Das ist eine Frauenrechts- und Hilfsorganisation, die sich für traumatisierte Frauen und Mädchen in Krisengebieten einsetzt. Zu meinen Aufgaben gehört es, Fachkräften – etwa Rechtsanwältinnen oder psychologischen Beraterinnen – in Afghanistan und im Irak zu vermitteln, wie sie am besten mit Frauen umgehen, die sexuelle Gewalt erfahren haben. Die Stelle ist für mich wie vom Himmel gefallen. Hierin habe ich meine berufliche Heimat gefunden.

Frauen, die sexuelle Gewalt erfahren haben. So sage ich das. Viele argumentieren, es solle besser sexualisierte Gewalt heißen, auch bei „medica mondiale" bezeichnen wir das so. Dem schließe ich mich aus zwei Gründen nicht immer ganz an. Erstens ist derjenige, der „sexualisierte Gewalt" hört, zunächst einmal irritiert: „Hä, warum jetzt ‚sexualisiert'?" Ich möchte aber manchmal nicht als erstes zum Denken anregen, sondern zunächst zum Fühlen. Zweitens will „sexualisierte Gewalt" zum Ausdruck bringen, dass es gar nicht um Sexualität, sondern allein um Macht gehe. Für mich geht es zwar vor allem um Macht, aber nicht allein.

Wie würde ich mich beschreiben? Als Opfer, als Überlebende? Oder als jemand, die in Antwort auf die Gewalt besonders wächst? Für mich gibt es da ein Farbspektrum im inneren Erleben. Ja, ich erlebe immer wieder das, was dem gängigen Opferbild entspricht: Dieses Erleben einer Glaswand zwischen mir und anderen, durch die andere mich zwar sehen und hören, aber nicht fühlen können. Da ist dann ein Gefühl von unüberwindbarer Distanz zu den Menschen, die direkt neben mir sind. Das bringt Edward Hoppers Gemälde „Kino in New York" für mich schön zum Ausdruck. Wenn ich in einer Gruppe diese Glaswand zwischen mir und anderen wahrnehme, verlasse ich irgendwann den Raum. Um zu erklären, was da passiert, stellte ein Freund von mir seine Espressotasse auf den Kopf: „Das ist dann so, als wäre man da drin." In der Dunkelheit der umgedrehten Espressotasse hat er und habe ich keinen Zugang zu Erinnerungen an gute Erfahrungen und gute Gefühle. Vorübergehend. Denn über kurz oder lang tut das Leben das, was es am besten kann: Es geht weiter. Und bewegt sich dann auch mal an das andere Ende des Farbspektrums, dorthin, wo es die besonderen Lichtmomente bereithält. Zum Beispiel sprach ich vor Kurzem in einem Coaching mit einer afghanischen Rechtsanwältin über die großen Belastungen in ihrem Leben. Am Ende der Sitzung gab sie mir den wunderschönen Satz mit: „In only one hour you have found me." – „In nur einer Stunde hast du mich gefunden." Das zu hören, erfüllte mich mit großer Dankbarkeit – und mit tiefem Glück. Denn wirkliche, echte Verbindung ist immer eine gemeinsame Erfahrung. Und ich bin in der Lage, diese Erfahrung herbeizuführen. Hier kommt mir ein Satz von Luise Reddemann in Erinnerung. Das ist eine in Deutschland sehr bekannte Traumapsychologin. In einem Seminar sagte sie: „Das, was passiert ist, hat keinen Sinn. Aber vielleicht können wir es irgendwann schaffen, ihm einen Sinn zu verleihen."

An diesem Buch beteilige ich mich, weil ich neben den besonders dunklen und hellen Zeiten, sehr viel Normalität und eben auch diese besondere Tiefe erlebe. Und ich stehe hier mit vollem Namen, weil ich mich dafür einsetzen möchte, dass wir über das Thema sexuelle Gewalt sprechen lernen – und betroffene Frauen dabei mitsprechen können. Dass es überhaupt eine Option ist, mitzusprechen. Doch das wirft eine wichtige Frage auf. Wenn ich mitsprechen will, wie sorge ich zugleich für Schutz? Wo liegt zum Beispiel hier in diesem Text die stimmige Balance zwischen „ich erzähle alles" und „ich erzähle nichts"? Was könnten die Folgen sein für mich, wenn ich einen Teil meiner Geschichte nicht anonymisiert preisgebe? Anders als die Frauen in Afghanistan und im Irak muss ich schon mal nicht um mein Leben fürchten, wenn ich darüber berichte. Wie werden Kolleginnen oder Bekannte das aufnehmen? Das weiß ich nicht und ist in diesem Zusammenhang hier nicht wichtig. Und wenn es jemand gegen mich verwendet? Auf wessen Karma-Konto geht das ins Minus? Nicht auf meinem. Die Entscheidung, meinen Namen anzugeben, fiel mir leicht. Die Frage nach der Auswahl der mich betreffenden Aspekte war hingegen ein längerer Prozess. Wichtig war dabei die Frage, auf welche anderen Menschen aus meinem persönlichen Umfeld sich meine Entscheidung auswirkt. Ich habe abgewägt, ob und in welcher Form es mir zusteht, sie hier in Erscheinung treten zu lassen. Dieser Beitrag ist ein bewusst gewählter Ausschnitt aus meiner persönlichen Geschichte.

Ich habe zwei sexuelle Übergriffe erlebt. Bei dem zweiten war ich zehn Jahre alt. Er hieß Andreas, war 27 und eine Urlaubsbekanntschaft meiner beiden Brüder, damals 17 und 19 Jahre alt. Während meine Brüder nach einem abendlichen Treffen mit dem Moped zurück ins Hotel fuhren, bat er mich, vorne in sein Auto einzusteigen. Mir war unwohl dabei und ich wandte ein, ich dürfe ja noch gar nicht vorne sitzen. In Griechenland, erwiderte er, sei man da nicht so streng. Ich nahm auf dem Beifahrersitz Platz und schloss die Tür. Er fuhr in die entgegengesetzte Richtung und parkte irgendwann in einem Waldstück. Dann saßen wir da. Er redete mit mir darüber, dass es ihm im Schritt wehtue. Ich verstand nicht, dass er über seine Erektion sprach. Ich fragte mich, ob er vielleicht auf die Toilette müsse. Ich verstand nichts und spürte dennoch, dass ich in großer Gefahr war. Als ein Taxi vorbeifuhr, bedeutete er mir, ich solle mich ducken. Ich duckte mich. Dann saß ich wieder aufrecht. Die Idee, die Tür aufzureißen und wegzulaufen, verwarf ich – er würde mich doch einholen und dann wäre er wütend. So blieb ich sitzen. Irgendwann fragte er mich, ob er mich anfassen und küssen dürfe. Ich traute mich nicht, Nein zu sagen. Um mich zu retten, ging ich in die Kooperation. Irgendwann gelang es mir, seine Aufmerksamkeit auf ein ganz anderes Thema zu lenken, nämlich auf sein Auto – ob es wirklich 220 km/h fahren könne oder ob das da nur so stehe. Das war intuitiv geradezu genial. Er ging darauf ein. Nein, das stünde nur da. In Wahrheit könne das Auto nicht 220 km/h fahren. Irgendwann fuhr er mich endlich zurück ins Hotel. Vorher nahm er mir noch das Versprechen ab: „Das bleibt aber unter uns." Dann war es vorbei. Vielleicht wäre er 220 km/h gefahren, vielleicht hätte er mich vergewaltigt, wenn ich seine Aufmerksamkeit nicht umgelenkt hätte. Vielleicht hätte er mich im Affekt erwürgt, wenn ich versucht hätte zu fliehen. In dieser Nacht habe ich entscheidende Dinge gelernt: Wer Unwohlsein nicht anspricht, überlebt. Wer kooperiert, überlebt.

Im Hotel putzte ich mir eine halbe Stunde lang die Zähne. Noch in der Nacht vertraute ich mich meiner Mutter an. Das war für mich aufgrund der engen, vertrauensvollen Beziehung zu meiner Mutter gar keine Frage. Dann gibt es Dinge, die passiert sind und solche, die nicht passiert sind. Mein neun Jahre älterer Bruder schlug dem Täter am nächsten Tag in aller Öffentlichkeit ins Gesicht und nannte ihn „Kinderficker". Diesen Akt der Solidarität rechne ich ihm bis heute hoch an. Andere wichtige Dinge sind nicht passiert: Es kam nicht zu einer Anzeige. Hat er, da ich mich nicht an die Schweigevereinbarung hielt, das nächste Mädchen umgebracht? Er war pädophil. Es wird weitergegangen sein. Zurückblickend habe ich große Ehrfurcht vor diesem zehnjährigen Mädchen, das ich war. Manchmal gucke ich Mädchen in dem Alter an und realisiere erst dann wieder, wie klein ich damals war. Und welche Stärke ich damals an den Tag gelegt habe, auch in der Folgezeit.

In meiner Mutter hat dieses Geschehnis einen tiefen Prozess in Gang gesetzt. Da gelangte etwas Verdrängtes, Unbewusstes nach oben und am Ende – da waren wir schon längst wieder zu Hause – nahm sie mich beiseite und fragte mich, ob das vielleicht früher schon mal passiert sei. Und da gelangte auch bei mir etwas Unbewusstes nach oben. Ich zeigte starke Stresssymptome, meine Augen verdrehten sich und ich sagte: „Ich glaube, bei Papa." Meine Mutter ging in sich und es kam ihr ein Abend in Erinnerung, in der mein Vater sie in meinem Kinderzimmer lebensgefährlich bedroht hatte. Ich war zwei Jahre alt und schlief. Sie konnte gerade noch fliehen und auf dem Weg nach draußen meine damals neun und elf Jahre alten Brüder mitnehmen, die wach waren. Sie flüchteten zur Nachbarin ins Haus gegenüber. Als die Nachbarin nach mir fragten, zeigte sich meine Mutter sicher, dass mir nichts passiert. Danach trennte sich meine Mutter vorübergehend von meinem Vater, wir Kinder blieben bei ihr.

Acht Jahre später, als meiner Mutter plötzlich diese Nacht in Erinnerung kam, da schoss ihr in den Kopf: „Ich hab' mein Kind im Stich gelassen." Ja, sie hat mich nicht mitgenommen. Aber wer gerade fast umgebracht wurde, kann nicht denken. Der Teil des Gehirns, den wir Verstand nennen, schaltet sich aus Schutzgründen ab. Verstand ist zu langsam, wenn es darum geht, angesichts von Lebensgefahr Entscheidungen zu treffen. Da ist allein schnelles Handeln gefragt: Kämpfen oder Fliehen. Und dieser Modus dauert an. Es wäre an der Nachbarin gewesen, sicherheitshalber die Polizei zu rufen, und heute würde sie das wahrscheinlich tun. Aber nicht 1982. Hinzu kommt, dass ich immer „Papas Sonnenschein" war. Er war mir gegenüber nie aggressiv gewesen – und sexueller Missbrauch war außerhalb des damals Vorstellbaren. So ist das Ergebnis, dass ich mich im Stich gelassen gefühlt habe, aber meiner Mutter nicht vorwerfe, dass sie mich im Stich gelassen hat.

Im Gespräch mit meiner Mutter konnte ich mich nicht an den Missbrauch erinnern, aber ich wusste es dann einfach. Erinnern kann ich mich erst an eine Schlüsselsituation zwei Jahre später, 1984. Da war ich vier Jahre alt und erlebte mit, wie mein Vater so sehr auf meine Mutter im Badezimmer einschlug, dass sich das Badewannenwasser rot färbte und Blut an die Wände spritzte. Ich haute von hinten mit meinen Fäustchen auf meinen Vater ein, um ihn zu stoppen. Währenddessen lief einer meiner Brüder völlig überfordert den Flur hoch und runter. Mein anderer Bruder war zu dem Zeitpunkt wegen massiver Verhaltensauffälligkeiten vorübergehend stationär untergebracht. Meine Mutter kam ins Krankenhaus, mein Vater beging noch in derselben Nacht einen Selbstmordversuch.

Nach diesem Gewaltausbruch trennte sich meine Mutter 1984 endgültig. Mein Vater ging für seine Firma mehrere Jahre nach Japan, meine Mutter reichte die Scheidung ein. Es war vorbei. Es war eine große Leistung meiner Mutter, ihren gewalttätigen Mann zu verlassen. Oft bleiben Frauen trotz der Gewalt, auch wenn Scheidung heute gesellschaftlich akzeptiert ist. In den 1980er-Jahren war Scheidung eine unerwünschte Andersheit. Was würden die Leute sagen? Das war meiner Mutter nicht wichtig. Ich habe früh gelernt, dass andere Sachen wichtiger sind. Viel Freiheit und Raum für Gefühle, das war bei uns zuhause wichtig. Wer sich ärgert, darf fluchen. Wer spielt, darf sich schmutzig machen. Meine Kindergeburtstage waren legendär. Nicht weil wir irgendwie aufwendig bespaßt wurden, sondern weil wir einfach ausgelassen sein und tun durften, was uns Spaß macht. Dann gab es eben spontane Kuchenschlachten. Natürlich durfte ich, als ich 15 war, mit anderen Jugendlichen allein in den Urlaub fahren. Und vorm Fernseher wurde gekuschelt. Für meine Mutter kamen wir an erster Stelle. Sie hat den Unterhalt, den mein Vater zahlte, mit monatlich 1000 D-Mark ihres Erbes aufgestockt, damit wir unseren Lebensstandard halten konnten. Bis heute erinnere ich mich gerne an unsere großzügige, lichtdurchflutete Wohnung. Ich bin dreimal die Woche zum Reiten gegangen und erhielt Klavierunterricht. Ich hatte auch eine glückliche Kindheit.

1990, als ich zehn Jahre alt war, nach dem Übergriff im Griechenlandurlaub, war meine Kindheit in gewisser Hinsicht vorbei. Als mir der sexuelle Missbrauch durch meinen Vater bewusst geworden war, stand ein Besuch meines Vaters ins Haus. Es ging um Papierkram. Zuvor hatte ich mit meiner Mutter darüber gesprochen, ob sie „es“ anspricht. Sie hatte die berechtigte Angst, dass er mit Gewalt reagieren würde. Deshalb verabredeten wir, es zu einem späteren Zeitpunkt anzusprechen. Ich würde oben auf der ersten Etage bleiben, solange mein Vater da wäre. Meine Eltern saßen also unten im Erdgeschoss am

Wohnzimmertisch, ich wartete zunächst oben auf der Wendeltreppe sitzend – dachte aber dann: „Wenn ich das jetzt nicht tue, dann verpasse ich die Chance meines Lebens.“ Ich wollte, dass mein Vater wusste, dass ich es wusste. Jetzt. Also ging ich hinunter, grußlos an ihm vorbei und stellte mich vor das große Wohnzimmerfenster, das in den Wald zeigte. Mein Vater kam zu mir, strich mir über die Haare und sagte, „deine Haare sehen ja gerade viel besser aus“. Von Kleinkindalter an habe ich mir nachts immer die Haare ausgerissen. Ich stand da mit meinen zehn Jahren, schaute in den Wald und sagte ihm, ohne zur Seite zu gucken: „Daran hättest du denken sollen, als ich zwei Jahre war. Und jetzt hau ab und verschwinde.“ Eisige Stille, keine Bewegung. Dann ging er wortlos zurück zum Tisch und meiner Mutter, setzte sich erst hin, stand dann abrupt wieder auf und verließ Türe knallend die Wohnung. Meine Mutter nahm mich in den Arm: „Das war sehr mutig von dir, Steffi.“ Danach habe ich den Kontakt zu meinem Vater für fünf Jahre abgebrochen.

Für mich ist es weniger wichtig, welche Fehler jemand gemacht hat. Wir machen alle Fehler. Manche machen schreckliche Fehler. Manche machen absichtlich schreckliche Fehler und manche tun das systematisch. Entscheidend bleibt für mich, ob sich ein Mensch seinen Fehlern stellt. Es gibt Menschen, die haben andere Menschen gefoltert und setzen sich heute öffentlich gegen Folter ein. Sie haben eine Läuterung durchlebt, sie sind über sich selbst hinausgewachsen. Wer die Tat anerkennt, macht die Tat nicht ungeschehen. Die Tat nicht anzuerkennen, ist aber eine weitere Tat. Hätte mein Vater anerkannt, was er mir angetan hat – dass er mir die Botschaft, „ich sehe dich nicht, du bist egal“, gesendet hat – dann hätte er mir dadurch die gegenteilige Botschaft vermittelt: „Doch, du bist wichtig, und ich sehe dich.“

Als ich 15 war, konnte ich das noch nicht in diese Worte fassen. Da wollte ich einfach eine Entschuldigung von ihm. Meine Mutter hat ihn deshalb zu uns nach Hause eingeladen. Da sitzen wir also zu dritt am Wohnzimmertisch. Er saß weinend vor mir, kam aber nicht von selbst auf die Idee, sich zu entschuldigen. Als ich ihm sagte, warum ich ihn eingeladen hatte, brachte er gerade mal ein „'Schuldigung“ über die Lippen. Mein Vater hat nie begriffen, was seine Tat eigentlich bedeutet. Irgendwann später habe ich ihm mal gesagt: „Kannst Du dir vorstellen, dass ich mir manchmal wünsche, du wärst tot?“ Auch das hat ihn unberührt gelassen. Was soll man noch sagen, um jemanden zu erreichen? Ich habe in den Folgejahren alles Erdenkliche getan, um eine Vater-Tochter-

Beziehung zu retten. Mit Mitte 20 habe ich es aufgegeben und den Kontakt endgültig abgebrochen. Mir geht es gut damit.

Mein Vater hat ebenfalls traumatische Erfahrungen gemacht. Sein jüngerer Bruder beging im jungen Erwachsenenalter Selbstmord, ein Jahr später starb seine Zwillingsschwester Steffi, nach der ich benannt bin, bei einem Unfall. Das hat seine Mutter nicht verkraftet und ebenfalls Selbstmord begangen. Sein Vater starb an Krebs. Ja, das ist ein schlimmes Schicksal. Da er gewalttätig war, vermute ich außerdem, dass er selbst Gewalt erlebt hat. Aber andere haben auch Schlimmstes erlebt – und sind trotzdem verantwortungsvolle Väter. Wenn ich heute Väter sehe, die sich liebevoll um ihre Kinder kümmern, berührt mich das immer wieder sehr. Da ist dann der Gedanke: Es ist möglich.

Wenn ich das hier so aufschreibe, dann meldet sich irgendwann eine Stimme in mir, die kundgibt: „Anderen geht es schlimmer." Ich habe keinen jahrelangen, systematischen Missbrauch erlebt. Ich hatte eine solidarische Mutter. In meiner Arbeit bin ich irakischen Frauen begegnet, die vom is verschleppt und über lange Zeiträume sexuell gefoltert wurden. Wer bin ich, von Leid zu sprechen? Wenn ich aber bei dem wahren Satz „anderen geht es schlimmer" bleibe, dann ändert das nichts an meinem schlimmen Gefühl. Einer meiner Lehrer, Dr. Stephen Gilligan, ist selbst mit einem gewalttätigen und alkoholabhängigen Vater aufgewachsen. Er bezieht sich auf den Buddhismus, wenn er sagt: „We don't suffer because we had a bad childhood. We suffer because we are human beings." – „Wir leiden nicht, weil wir eine schlimme Kindheit hatten. Wir leiden, weil wir Menschen sind." Es gibt niemanden, der keinen Schmerz erlebt hat. Wenn wir dem Schmerz seine Existenzberechtigung absprechen, wird er umso stärker in Erscheinung treten. Wenn wir den Schmerz anerkennen, kann er sich verändern. Mir hilft dieser Gedanke dabei, das eigene Leid zu würdigen, wohl wissend, dass andere sehr viel mehr erlitten haben.

Nicht jedes Leid ist traumatisch. Was eine traumatische Erfahrung ist, ist im Detail umstritten. Einig sind sich die meisten Fachleute aber hierin: Traumatisch ist eine Erfahrung dann, wenn die eigene psychische oder physische Integrität (oder die einer nahestehenden Person) massiv bedroht oder verletzt wird und zugleich ein Gefühl der Ohnmacht entsteht. Da ist also eine entsetzliche Bedrohung und ich kann weder kämpfen noch weglaufen und mir hilft auch niemand. Das ist Stress von einem Ausmaß, den das Gehirn nicht verarbeiten kann. Die weiterentwickelten Teile des Gehirns, die zum Beispiel für ein

Verständnis von Zeit und Raum sorgen, schalten sich deshalb ab – so, als ob die Sicherung rausfliegt –, um das Überleben zu sichern. „Woran erkennt man, ob jemand traumatisiert ist?“ In Trainings ist das stets die erste Frage. Oft zeigen sich so genannte posttraumatische Belastungssymptome – zum Beispiel Dissoziation („nichts mitbekommen, wie abwesend sein“) oder das genaue Gegenteil, Hypervigilanz („alles mitbekommen, extrem wachsam sein“). Die Liste der möglichen Symptome ist lang. Die Symptome sind eine normale Reaktion auf ein unnormales Ereignis und sie zeigen, dass das Gehirn damit beschäftigt ist, den Stress im Nachhinein zu verarbeiten. Für die Verarbeitung braucht es unbedingt äußere Sicherheit – und mindestens einen unterstützenden Menschen. Unter dieser Bedingung entfalten sich dann oft starke Selbstheilungskräfte und die Symptome schleichen sich nach und nach aus. Dann wirkt ein Mensch irgendwann wieder ganz normal, obwohl er eine traumatische Erfahrung hinter sich gebracht hat. Mein algerischer Freund, den ich hier Kabil nenne, hat mich diesbezüglich eine wichtige Lektion gelehrt. Kabil ist wie ein lebensgroßer Teddybär mit Knopfaugen, die Ausgeglichenheit in Person. Als er mir erzählte, was ihm in seiner Heimat im Gefängnis widerfahren ist, da kannte ich ihn bereits ein Jahr. Darauf habe ich auch deshalb völlig erschüttert reagiert, weil ich es nicht im Geringsten geahnt hatte. Genauso wenig hatte ich geahnt, welche Rolle ich dabei gespielt habe, dass sich seine posttraumatischen Belastungssymptome gelegt haben. Er hatte schwere Albträume, war mehrmals bei einem Psychologen, doch dann wurde die Psychotherapie nicht bewilligt. Irgendwie landete er in dem Deutschkurs, den ich einmal die Woche ehrenamtlich gab. „Weißt du, Steffi, du hast einfach an mich geglaubt. Von da an habe ich nach vorne geschaut.“ Dieser eine unterstützende Mensch, den es braucht – der muss von seiner Aufgabe nicht einmal wissen, um sie gut zu machen.

Albträume hatte ich bis ich ungefähr volljährig war, und zwar zwei immer wiederkehrende. In beiden ging es um Ohnmacht. In dem einen kämpfte ich erfolglos: Ich haute jemanden, der mich bedrohte, und richtete damit nichts aus. In dem anderen konnte ich angesichts drohender Gefahr nicht weglaufen: Ich lag gelähmt auf der Straße und ein Laster rollt auf mich zu. Als ich die Albträume mit den jeweiligen traumatischen Ereignissen in Zusammenhang brachte, blieben sie weg. Als Kind konnte ich viele Jahre lang nicht alleine schlafen und bin nachts schreiend aufgewacht. Das war großer Stress. Kinder, die hohen inneren Stress erleben, verletzen sich häufig selbst. Aus gutem Grund: Die Konzentration des Stresshormons Cortisol im Blut ist deutlich geringer, nachdem sich ein Kind zum Beispiel geritzt hat. Es ist keine wünschenswerte, aber eine sehr wirksame Stressbewältigungsstrategie. Ich habe andere Mittel gewählt. Ich habe mir die Hornhaut an den Füßen mit einer Nagelschere weggeschnitten, Fingernägel gekaut, mir die Haut rund um die Fingernägel abzogen und die Haare nachts ausgerissen. Essstörungen kommen nach traumatischen Erlebnissen ebenfalls häufig vor, also ein Verhältnis zu Essen, das von Überwachung und Kontrolle geprägt ist: Ich habe lange alles, was ich gegessen habe, abends aufgeschrieben. Kalorienzahlen von Lebensmitteln weiß ich bis heute auswendig. Es ist zudem vorgekommen, dass ich mich absichtlich übergeben habe. Ich weiß noch, dass dahinter auch der Wunsch stand, so dünn zu sein, dass sich die Leute fragen würden, ob mit mir alles in Ordnung sei. Gott sei Dank fehlte mir Disziplin und war ich zu hedonistisch, um magersüchtig oder bulimisch zu werden. Mit der Zeit habe ich mir die Selbstverletzungen in kleinen Schritten selbstständig abtrainiert. Und irgendwann beschloss ich, keine Diätprodukte mehr zu kaufen, mich nie wieder zu übergeben – und zwar aus Respekt zu mir selbst – und stattdessen eine Extraportion Olivenöl ans Essen zu tun, damit es schmeckt. Das ist die Ebene des Verhaltens. Dieses Verhalten war für mich vergleichsweise leicht zu verändern.

Viel schwieriger zu verändern sind Botschaften des Täters, die das Kind verinnerlicht. Ich sage „das Kind“, weil es mir hier schwer fällt, „ich“ zu sagen. Im Alter von zwei Jahren hat das Kind, das ich war, vielleicht gerade erst gelernt, „ich“ zu sagen. Es kennt noch keine Abgrenzung, ist noch dabei zu lernen, dass es ein Individuum ist und muss Überzeugungen von sich und der Welt erst noch entwickeln. Und dann zwingt der Vater es, etwas zu tun, das seinen Grundbedürfnissen nach Schutz, Sicherheit und Geborgenheit widerspricht. Der Vater missbraucht die Abhängigkeit, missbraucht das Machtgefälle. Ich lerne zu einem Zeitpunkt, indem ich noch gar kein oder nur ein schwaches Konzept vom „Ich“ habe, dass meine Gefühle egal sind und ich es nicht wert bin, dass man gut mit mir umgeht. Ich erhalte außerdem die Botschaft: „Liebe tut weh, Vertrauen ist lebensgefährlich und ich kann mich auf niemanden verlassen.“ All das wirkt sich massiv auf den Selbstwert und auf alle sozialen Beziehungen aus. Das Urvertrauen in die Welt als solche, in sich und andere geht verloren. Zugleich hat ein Kind von zwei Jahren noch keine Sprache für das Geschehene und keine Möglichkeit, es zu verstehen. Sexuelle Gewalt ist eine tiefe Erfahrung von Entwürdigung und Entwertung. Ich halte es für unmöglich, nach einer solchen Erfahrung nicht mit dem eigenen Selbstwert zu kämpfen. Für unmöglich, einfach mit einem gesunden Selbstwert weiter durch die Welt zu gehen. Die Botschaften, die der sexuellen Gewalt innewohnen – „es ist mir egal, was Du fühlst", „ich kann mit dir machen, was ich will", „du bist da, um mir zur Verfügung zu stehen", „du bist ein Objekt" – wirken unfassbar stark. Sie mit gesunden Selbstkonzepten zu überschreiben – „ich bin es wert, dass man gut mit mir umgeht" –, das geht nicht qua logischer Einsicht, das geht nicht rein kognitiv-individuell. Dafür braucht es eine emotionale soziale Erfahrung.

Viele haben zusätzlich mit Schuldgefühlen zu kämpfen. Schuldgefühle haben eine Schutzfunktion. Sie dienen der Ohnmachtsabwehr. Die absolute Ohnmacht in der traumatischen Situation wird relativiert. Schamgefühle gehen noch tiefer. Es ist nicht das Gefühl, etwas falsch gemacht zu haben – sondern im Ganzen falsch zu sein.

Andere haben zudem psychosomatische Phänomene. Von Kindesalter an hatte ich oft diffuse Schmerzen in den Beinen. Von der Körpermitte abwärts hatte ich außerdem das Gefühl, ich sei gelähmt. Mein Vater hat mich dann auf den Schultern getragen. Meine Mutter ist mit mir zu Ärzten gegangen. Es gab keinen Befund, es war also psychosomatisch. De facto konnte ich aufstehen, aber es fühlte sich an, als könnte ich es nicht. Manchmal musste ich deshalb tatsächlich liegen bleiben und habe gewimmert vor Schmerzen. Sport habe ich keinen gemacht, da meine Beine auch danach immer wehtaten. Mit Ende 20 bin ich in Köln zu einem Physiotherapeuten gegangen, der mir nach erfolgloser Behandlung vorschlug, einen Osteopathen aufzusuchen. Auf meine Frage nach dem „Warum?" sagte er mir: „Nun, manchmal kommen die Schmerzen in einem Körperteil aus einer anderen Körpergegend. Schmerzen in den Beinen könnten zum Beispiel aus dem Unterleib kommen." Ich habe ihn fassungslos angestarrt – denn die Schmerzen vergingen schlagartig, als ich das hörte. Und sie blieben weg. Seit vielen Jahren mache ich nun Ashtanga-Yoga, ich fahre Rennrad zur Arbeit und 2014 bin ich im Himalaya auf eine Höhe von 4150 Meter gewandert.

Hilft Psychotherapie bei der Verarbeitung von sexuellem Missbrauch? Als wir 1990 aus dem Sommerurlaub zurückkamen, in dem der Übergriff passiert war, ging meine Mutter mit mir zum Psychologen. Der war der Meinung, dass das Kind jetzt mal besser in die Klinik komme. Eine falsche Entscheidung. Ich war weder suizidgefährdet noch eine Gefahr für andere, und was mich stärkte, gab es dort nicht: Dort fehlte mir meine Mutter. Es fehlten mir meine Haustiere. Meine Freunde. Der Reitstall. Die Schule. Stattdessen war ich eingesperrt, hatte schwer belastete Kinder um mich herum und erhielt inadäquate Betreuung und Psychotherapie. Einmal haben zwei Betreuerinnen mich festgehalten, um mir gegen meinen Willen die Fingernägel zu schneiden. Ich könne damit ja andere Kinder verletzen. Dabei war es so ein großer Erfolg, dass meine Fingernägel länger waren. Ein anderes Mal fragte mich die Psychologin, welche schlechten Eigenschaften ich denn so hätte. Da habe ich gesagt, dass ich manchmal lügen würde. Zum Beispiel, wenn mir meine Mutter erlaubt hätte, 50 Pfennig aus ihrem Portemonnaie für Süßigkeiten zu nehmen und ich mir aber einmal 60 Pfennig genommen hätte. Die Therapeutin lädt zur Selbstbezichtigung ein. Was für ein Wahnsinn. In der Zeit nach traumatischen Ereignissen gilt es, die Stärken und Kraftquellen aufzudecken. Ressourcenorientierung heißt das. „Was machst Du gerne?“, „in welchen Situationen geht es dir gut?“ Diese Fragen hätte mir die Therapeutin stellen sollen – um dann dafür zu sorgen, dass ich das, was ich gerne mache, öfter machen kann und ich häufiger in Situationen komme, in denen es mir gut geht. Das aktiviert Selbstheilungskräfte. Außerdem wäre es für mich wichtig gewesen, zu sehen, dass ich mit meinem Tun etwas bewirken kann. Als Gegenerfahrung zum Erleben von Ohnmacht während des traumatischen Ereignisses. Die Selbstwirksamkeit habe ich in der Kinder- und Jugendpsychiatrie klugerweise selbst in die Hand genommen. Den Betreuerinnen habe ich einen Schrecken eingejagt, als ich bei einem Spaziergang im Nebel die Kindergruppe zum Verstecken angestiftet habe. Am Ende habe ich die „Meuterei auf der Bounty“ selbst wieder beendet. Ich dachte mir, wenn ich jetzt weglaufe, wird das nicht dazu führen, dass ich früher entlassen werde. Aber ich hatte – vor allem mir selbst – ein Zeichen gesetzt. Unter der Maske der Anpassung habe ich mir selbst immer wieder bewiesen, dass mich hier mal gar keiner kontrolliert. Ein weiteres Beispiel: Pro Tag durfte man sich nach dem Mittagessen fünf Süßigkeiten auf einen großen weißen Teller nehmen, die dann verloren auf diesem großen Teller lagen. Was habe ich gemacht? Am Wochenende, als ich zu Hause war, Löcher in meine rosafarbenen Puschel-Hausschuhe gepuhlt und darin Kaugummis mit Knight-Rider-Aufklebern versteckt, getreu dem Motto der Fernsehserie:

„Knight-Rider: Ein Mann und sein Auto kämpfen gegen das Unrecht." Und für freien Zugang zu Süßigkeiten, wenn es einem sowieso schon scheiße geht. Außerdem setzte ich meine Aufgabe als Klassensprecherin in der Klinik fort: Das dicke Kind, das Salat essen musste, wenn wir unsere fünf Süßigkeiten aßen – da sagte ich zumindest mal laut, dass das ungerecht sei. Meine Zimmernachbarin, die sich merkwürdig verhielt und deren Geschenke, die sie zugeschickt bekam, wie den riesengroßen weißen Teddybären, mir irgendwie verdächtig vorkamen – da bin ich zum zuständigen Arzt gegangen und habe ihm gesagt: „Hallo, ich glaube, dass Fiona auch sexuell missbraucht wurde." War ich an den Wochenenden zu Hause, setzte ich mich aufs Hochbett und guckte meinen Wellensittichen zu – stundenlang. Eine Wellensittich-Meditation. Nach sechs Wochen nahm mich meine Mutter endlich aus der Klinik. 1990 hatte man in Deutschland wenig Ahnung von Trauma. So steht es heute in der Fachliteratur. Für mich war die Klinik eine weitere Erfahrung von Ohnmacht und Alleinsein.

Meine Erfahrungen mit Psychologinnen wurden in den nächsten Jahren nicht besser. In Krisensituationen habe ich mehrmals Anläufe unternommen und Hilfe gesucht. Das Muster ging so: Ich rede im Krisenmodus eine Stunde lang ohne Punkt und Komma, die Therapeutinnen sagen nicht viel. Sie setzen keinen Rahmen, geben keine Struktur, übernehmen also keine Verantwortung für den Gesprächsverlauf und bieten keinen Halt. Sie haben mich einfach immer nur reden lassen, ohne zu schauen, ob es mir guttat. Wer so redet, denn muss man verlangsamen. Da müssen Gedanken und Gefühle zusammengebracht werden. Es geht nicht darum, einfach mal über etwas zu reden. Wie ich darüber rede, worauf ich dabei meine Aufmerksamkeit richte, das ist entscheidend. Menschen wie ich, die die ganze Zeit analytisch unterwegs sind, müssen lernen, nicht nur zu mentalisieren, sondern auch zu fühlen. Sonst passiert nichts Neues. Zu einer Psychologin habe ich nach vier Sitzungen gesagt: „Für mich ist das hier nicht hilfreich. Da kann ich mich ja auch mit meinem Schrank unterhalten." Das ist nicht sehr nett. Aber es ist ebenfalls nicht nett, nicht die Hilfe zu bekommen, die man braucht. Wenn ich heute höre, dass Leute eine Therapie machen sollen, denke ich immer: „Viel Glück." Eine gute Psychologin zu finden, ist genauso schwer wie einen guten Friseur.

Die Nadel im Heuhaufen entdeckte ich dann zufällig. Sie war mein Coach in einer Konfliktfortbildung und zufällig auch Traumapsychologin. Sie hat interveniert. Hier hatte ich – in einem nicht-therapeutischem Kontext – das erste

Mal das Gefühl, Halt zu erfahren. Bei ihr habe ich später meine erste Coaching-Ausbildung gemacht.

Ich habe keine Therapie gebraucht, um über meine Erfahrungen sprechen zu können. Das habe ich bereits als Kind zu Hause gelernt. Zu Hause haben wir, was eine seltene Reaktion in Familien ist, viel darüber gesprochen, was passiert ist und wie es mir damit geht. Meine Mutter hat hier ein Höchstmaß an Einfühlungsvermögen an den Tag gelegt. Sie hat außerdem den Mut und die Kraft aufgebracht, sich mit ihrer Biografie und ihrer eigenen Familie auseinanderzusetzen. Zuhause war ein Ort, an dem ich immer über alles sprechen konnte. Wer kann das schon behaupten?

Viele Jahre später gelangte ich dann an einen Punkt, wo es für mich wichtig war, dass die Platte nicht mehr länger zurückspringt. Dass die Geschichte nicht immer und immer wiederholt wird. Ich habe mich lange gefragt, worin der Unterschied liegt zwischen „über das Trauma reden" und „das Trauma verarbeiten". Zu Hause wurde viel über das Trauma geredet, verarbeitet wurde es damit, über einen bestimmten Punkt hinaus, aber nicht. Das Gefühl von Integration stellte sich nicht ein. Ich hatte das Gefühl: „Ja, es war schlimm. Und ja, es wird auch ein Teil von mir bleiben. Aber es ist vorbei. Ich habe es bewältigt. Und jetzt gehe ich weiter." Wenn ich mit meiner Mutter sprach, kam jedoch eher das Gefühl auf: „Es ist nicht vorbei, es wird nie vorbei sein", und sogar so etwas wie „es darf nie vorbei sein". Es war für mich sehr wichtig, über die Vergangenheit zu sprechen. Ebenso wichtig war es für mich irgendwann, nicht mehr darüber zu sprechen. Die Aufmerksamkeit immer wieder auf die Ohnmachtserfahrung in der Vergangenheit zu richten, manifestiert eine Opferidentität. Meine Identität ist eine andere. Ich bin nicht das, was ich erlebt habe. Ich bin das, was ich daraus mache.

Über das Thema sexuellen Missbrauch hat meine Mutter zudem schon früh außerhalb der Familie gesprochen. Aber auch das war für mich irgendwann ein zweischneidiges Schwert. Es war richtig, weil es nun mal die Wirklichkeit gespiegelt hat. Dank meiner Mutter ist es für mich völlig normal, mit dem Thema nach außen zu gehen. Es war schwierig, weil ich oft nicht selbst entschieden habe, wer von meiner Geschichte wie hört. Vor allem dann, als ich das Thema in den Hintergrund schieben wollte. Hier, bei diesem Buchbeitrag, geht es mir um zwei Dinge. Dass dieser Text veröffentlicht wird, ist für mich zum einen wie eine öffentliche Anerkennung des Unrechts. Das ist mir wichtig. Für mich ist es ein weiterer Schritt der Integration, es einmal öffentlich zu benennen, dass ich Opfer dieser Straftat bin. Sexuelle Gewalt ist kein Unfall, sondern Unrecht. Damit muss sich eine Gesellschaft befassen. Zum anderen geht es mir darum, die Bewältigungsstrategien darzustellen. Die Leistung, die sich dahinter verbirgt, ein normales Leben zu führen.

Was ich mittlerweile nicht mehr tue, ist mir bei jeder Gelegenheit die Menschen in Erinnerung zu rufen, die mich verletzt haben. Damit meine ich nicht nur den Mann in Griechenland und meinen Vater. Als ich Ende 20 war, schlug sich einer meiner Brüder auf die Seite meines Vaters und brach den Kontakt zu meiner Mutter und zu mir ab. Zuvor hatte er befürchtet, selbst einen Übergriff seitens unseres Vaters erlebt zu haben, und sich fragend an ihn gewendet. Anschließend ließ er meine Mutter telefonisch wissen: „Steffi ja, ich nicht. Das ist die kurze Version. Die lange Version kommt morgen." Die lange Version kam aber nie. Mein Bruder hat sich nie wieder gemeldet. Das war sehr schmerzhaft. Nicht nur weil ich ihn als Bruder verloren habe. Hier geht es um einen schweren Vertrauensbruch, um Aufkündigung von Solidarität, um das sich Gemeinmachen mit dem Täter. Ich habe lange versucht, meinen Bruder zu erreichen – habe angerufen, E-Mails geschrieben, an seiner Haustür geklingelt. Vergebens. Er hat sich nie erklärt. Nach fünf Jahren, nachdem ich alles versucht hatte, zog ich innerlich einen Schlussstrich. Aber in Gesprächen mit meiner Mutter ging es immer wieder um meinen Vater und meinen Bruder, und ich konnte das zunehmend schlechter ertragen. Es hat einen Keil zwischen mich und meine Mutter geschlagen.

In unserer Familie gab es viele Formen von Gewalt. Der Kontaktabbruch meines Bruders gehört dazu und erklärt sich für mich dadurch, dass er ebenfalls – in welcher Form auch immer – selbst Gewalt erlebt hat. Auch von meinem anderen, ebenfalls deutlich älteren Bruder habe ich zu spüren gekriegt, dass er betroffen ist. Als ich klein war, versetzte er mich immer, wenn wir alleine zu Hause waren, in große Angst. Ich weiß nicht mehr, wie er es gemacht hat. Ich weiß aber noch, dass ich mich dann immer ins Badezimmer geflüchtet habe. Irgendwann habe ich mich mit einem Messer vor ihn gestellt und gesagt, dass ich zustechen würde, wenn er nicht aufhöre. Da war ich vielleicht zwölf. Da hat es dann aufgehört. Derselbe Bruder rief einmal nachts an und sagte, er stehe oben auf dem Strommast und fasse ihn gleich an. Da war ich vielleicht 14. Den Hörer habe ich an meine Mutter weitergereicht.

Alle waren betroffen. Meine Mutter hat alles in ihrer Macht und Kraft stehende getan, um die Gewalterfahrungen in der Familie aufzuarbeiten. Sie hat mehrmals Unterstützung gesucht und keine adäquate bekommen. Dass ich mir die Haare ausriss, erklärte ein Kinderpsychologe, zu dem meine Mutter mich einmal begleitete, einfach mit der Scheidung. Das wird schon. Ende der Durchsage. Dann stand meine Mutter wieder alleine da. An dem Tag habe ich ein Bild gemalt, darauf mich als Blume und meine Mutter mit einer Gießkanne. Bis ich groß war, hat meine Mutter mich seitdem beim Blumengießen immer mit ein paar Tropfen auf den Kopf mitbedacht. Das ist für mich ein sehr schönes Beispiel dafür, wie meine Mutter trotz aller schwieriger Umstände unsere Beziehung zueinander gestaltet hat. Wer sich Kinder anguckt, die es trotz Gewalterfahrungen irgendwie gut ins Erwachsenenalter geschafft haben, der findet meist einen wesentlichen Schutzfaktor: Diese Kinder hatten – innerhalb oder außerhalb der Familie – mindestens einen Menschen, der sie unterstützt und stets zu ihnen gehalten hat. Für mich war das meine Mutter. Bei allen Konflikten, die wir haben: Das steht außer Frage. Meine Mutter hat die Selbständigkeit, die ich schon früh an den Tag gelegt habe, nicht als Widerstand, sondern als Kompetenz verstanden. Meine Mutter hat meine Selbständigkeit immer als Stärke gewürdigt und damit eine Form der Selbstermächtigung gefördert. Wie beispielsweise in der Situation mit meinem Vater, als sie hinterher mit dem Satz, „das war aber sehr mutig von dir", reagiert hat. Und dafür gibt es viele andere Beispiele, die gar nichts mit dem Thema zu tun haben.

Was hat mir außerdem geholfen? Da fällt mir ein Satz ein, den ich als kleines Kind auf einem Spaziergang zu meiner Mutter gesagt habe: „Die Natur macht mich irgendwie so glücklich, die Natur ist mein Haus." Am liebsten war ich im Wald, im Pferdestall oder bei meinen Wellensittichen. Irgendwann wurde ich Umweltschützerin, habe Bäche von Müll befreit, Unterschriften gegen Delphinarien gesammelt und – mein persönliches Highlight – einen Brief an den amerikanischen Präsidenten gegen das Abschlachten von Wildpferden geschrieben. Abgesehen davon war ich viele Jahre lang Klassensprecherin. Als Jugendliche kam ich dann durch Zufall zu den „Jusos", der Jugendorganisation der SPD. Später war ich Schulsprecherin. Ich sehe also ein Mädchen mit einer großen Naturverbundenheit einerseits und einem starken Sinn für Solidarität und Gerechtigkeit andererseits. Heute würde ich sagen: Das Mädchen hat es verstanden, sich mit etwas Größerem zu verbinden als sich selbst. Ich sehe aber auch ein sehr fröhliches Mädchen. Als Kind habe ich in meiner Freizeit ganze Hape-Kerkeling-Shows auswendig gelernt und bin in der Schule wegen ständigen Lachens aus dem Unterricht geflogen. Heute könnte ich mir als Ergänzung zur Traumaarbeit auch einen Nebenjob als Stand-up-Comedian vorstellen. Bis dahin feiere ich Karneval. Beim letzten Mal bin ich als nordkoreanische Nachrichtensprecherin gegangen. Mit einem Atompilz aus Bauschaum auf dem Kopf und einem aktivierbaren Alarmknopf auf der Brust, auf dem „Atomkraft – ja bitte“ stand. Dazu habe ich auswendig gelerntes Nordkoreanisch gesprochen. Mit jedem Bier inbrünstiger. Quatsch ist mein deutsches Lieblingswort. Humor ist mir über alle Maßen wichtig – im Alltag und auch in meinen Trainings. Humor ist immer mit einem Perspektivwechsel verbunden. Das ist gerade dann wichtig, wenn man Probleme lösen möchte, denn dafür braucht es geistige Beweglichkeit. Und abgesehen davon kann es eine liebevolle Art darstellen, einem Symptom zu begegnen. Es macht einen Unterschied, ob ich von „meiner Depression“ spreche oder sie „Otto“ nenne.

Ein weiterer Punkt, den ich wichtig finde und der mir hilft: Mut und Konfliktbereitschaft. Für mich ist es normal, den Dingen auf den Grund zu gehen. Dass ich in Beziehungen, bei schwierigen Situationen und Konflikten genau hinschaue und mich frage, was da gerade passiert. Ich habe keine Angst davor, in die Tiefe zu gehen und mich mit mir und meinem Gegenüber auseinanderzusetzen. Das schafft ja gleichzeitig die Möglichkeit, sich mit sich selbst und mit dem anderen zu verbinden, sich selbst und dem anderen näherzukommen. Bei der Auseinandersetzung mit schwierigen Themen geht es doch letztlich immer um eine Annäherung. Darum, mit sich selbst und anderen in Kontakt zu kommen. Je tiefer ich gehe, desto näher komme ich mir und dem anderen. Umso größer ist auch die Chance, Verständnis und Verständigung zu finden. Auch das hat mir meine Mutter sehr vorgelebt. Sie hat bei Konflikten immer den Teppich angehoben, um zu sehen, was darunterliegt. Das ist eine Botschaft, die ich verinnerlicht habe: „Konflikte guckt man sich an und bearbeitet sie. Wir wahren nicht den Schein nach außen.“ Die Bereitschaft, mich mit wirklich schwierigen Gefühlen und Dingen auseinanderzusetzen, gehört für mich zum Leben dazu. Es gibt nun mal schwierige Dinge.

Ich habe die Überzeugung, dass ich auch schwierige Dinge aus meiner eigenen Kraft heraus meistern kann. Ich bin stark, hätte ich früher gesagt. Heute würde ich sagen: Das ist mein Antreiber: Stark sein. Und der hat auch Nachteile. Meine Coaching-Ausbilderin meinte mal zu mir: „Steffi, du verpasst immer den Moment, um umzufallen." Die absurde Überzeugung war lange: Ich schaffe alles und ich schaffe alles alleine. Pack noch zehn Kilo drauf, ich kann das tragen. Nach meinem Studium der Politikwissenschaft mit Schwerpunkt Friedens- und Konfliktforschung habe ich in einem zentralafrikanischen Konfliktland gearbeitet. Auf die Idee, mir alternativ im ruhigen Tansania eine schöne Zeit am Meer zu machen, wäre ich früher nicht gekommen. Damals habe ich eine große Herausforderung bestellt und bekommen. Nach einem Jahr wieder zurück in Deutschland, habe ich zwei Wochen am Stück geschlafen. Dann begann ich mit einer zweimonatigen Vollzeitausbildung in Konflikttransformation. Da lernte ich meine spätere Coaching-Ausbilderin kennen. Das war eine Schlüsselerfahrung. Mit politischen Konfliktdynamiken kannte ich mich aus. Plötzlich verstand ich auch psychologische Konfliktdynamiken besser.

Seit bald zehn Jahren bilde ich mich nun fort und je mehr ich dadurch verstehe, desto mehr will ich verstehen. Es ist wie ein Elixier. Zuerst habe ich eine Coaching-Ausbildung gemacht. Dann bin ich zu den Ausbildern meiner Ausbilderin gegangen: Zu Dr. Gunther Schmidt, dem Erfinder des hypnosystemischen Ansatzes, und zu Prof. Dr. Luise Reddemann, der Urheberin der Psychodynamisch Imaginativen Traumatherapie. Nach diesen Lernerfahrungen war mir klar: „Ich geh' nur noch zum Papst." Nur noch zu Erfindern und Urheberinnen. Zu einem maximal kompetenten Gegenüber. Dazu gehört nicht nur Intelligenz und Erfahrung, sondern vor allem innere Sicherheit. Ich habe ein unheimlich feines Gespür dafür, ob mir jemand etwas aufzwingen möchte. Das verstehe ich als Strategie, um mit Bedrohung und Unsicherheit umzugehen. Unsicherheit ist nichts Schlimmes, die kennen wir ja alle. Schlimm ist nur die Bewältigungsstrategie, das Gegenüber beherrschen und unterwerfen zu wollen. Ich habe so manche Menschen erlebt, meist ältere Männer, die das einer klugen und selbstbewussten jungen Frau gegenüber nötig hatten – ob als Lehrer in der Schule oder als Chef auf der Arbeit. Meine Mentorinnen und Mentoren haben das nicht nötig. Das ist sehr entlastend. Und schafft einen sicheren Raum, in dem ich mich öffnen kann. Im Sommer 2018 war ich bei einem Seminar des US-amerikanischen Psychologen Dr. Stephen Gilligan. Zwischendurch ging er mir mal etwas gegen den Strich. Da habe ich mich gemeldet und mich kritisch geäußert. Dabei ging es um die Frage: „What do you most want to create in your life?" Das ist die Frage, mit der er Coachings beginnt.

Und ich meinte nun zu ihm, dass das jetzt nicht gerade die Frage wäre, die ich jemandem mit Traumaerfahrung so zum Einstieg stellen würde. Es ginge doch zu Beginn erst mal um „Pacing", um die Anerkennung des Leids, worauf sein Freund Gunter Schmidt doch ebenfalls besonderen Wert legen würde. Daraufhin habe ich eine Antwort bekommen, die einfach nur brillant war. Nicht nur im Hinblick darauf, was er gesagt hat. Beeindruckt hat mich vor allem, wie er mit mir gesprochen hat. Er hat mich da sehr ernst genommen. Er hat sich 20 Minuten Zeit genommen. Und inhaltlich habe ich da zum ersten Mal wirklich begriffen, was das heißt: Dass wir alle einen unverletzlichen und unverletzbaren Kern in uns tragen. Ich habe es einfach plötzlich verstanden. Am Ende der fünftätigen Fortbildung stand ich dann mit 70 Leuten in einem großen Kreis zum gemeinsamen Abschied. Und da merkte ich schon, „oh nein, ich fange gleich an zu weinen". Ich habe kein Problem damit, in der Öffentlichkeit zu weinen. Es ging eher um das darunterliegende Gefühl, das ich nicht öffentlich zeigen wollte. Die Abschiedsworte sind gesprochen, der Kreis löst sich auf, viele umarmen sich zum Abschied, ich stehe da und schluchze leise vor mich hin. Die ein oder andere Teilnehmerin geben mir eine Umarmung. Ich stehe da und schluchze weiter. Und dann kommt Stephen Gilligan auf mich zu und nimmt mich lange und mit dem genau richtigen Abstand in den Arm. So lange, bis ich wieder tief und ruhig atmete. Und dann sagt dieser Mann, der mein Vater sein könnte, zu mir: „Don't let the bastards get you down." Was ich da innerlich erlebt habe, ist eine Erfahrung von Verbindung, die wieder ganz macht.

Ein paar Monate später habe ich eine längere Fortbildung bei ihm begonnen. Da arbeitete er mit Robert Dilts zusammen. Die Fortbildung nennt sich „Generatives Coaching". Zur Didaktik gehört dabei, dass das theoretisch Gelernte an einer Teilnehmerin auf der Bühne praktisch demonstriert wird. Dazu wurde jeden Tag der Name einer Teilnehmerin aus dem „Lostopf" gezogen. An Tag neun wurde mein Name gezogen. Ich war sehr aufgeregt und wusste sofort, das wird kein Spaziergang. Im Generativen Coaching fangen wir immer damit an, in einen Zustand der Ausgeglichenheit zu kommen, bevor wir thematisch einsteigen. Als sich bei mir mehr Ruhe und Entspannung einstellte, kam dann die obligatorische Frage: „So what is it that you most want to create in your life?" Eigentlich hatte ich mir vorgenommen, ein unverfängliches, ein berufliches Thema zu wählen. Aber dann habe ich mir ein Herz gefasst und ein privates Thema gewählt. Ein sehr privates: „A healthy connection." Eine gesunde Beziehung. Ich habe Beziehungen gehabt, wichtige und tiefe. Aber es gibt ein Problemmuster in den Beziehungen. Und das will ich nicht mehr. In dem weiteren Coachingprozess ging es dann immer wieder darum, zurück in diesen Zustand der Ausgeglichenheit zu kommen, um mittels dieser Ausgeglichenheit auch sehr starke schwierige Gefühle halten zu können. Wenn sich dieser Zustand während des Coachings verändert, wenn man nicht mehr in der Ausgeglichenheit ist, dann kann es hilfreich sein, dass sich die Klientin Ressourcen vorstellt. Mit Ressourcen sind Orte, Menschen oder andere hilfreiche Wesen gemeint, die guttun und unterstützen. So gibt es kein Zusammenbrechen, sondern eine Gleichzeitigkeit von Schwerem und Leichten. So habe ich das auch erlebt. Mir kamen immer wieder die Tränen und zugleich musste ich immer wieder lächeln. Es ist möglich, sich sehr schwierigen Gefühlen zu stellen und zugleich inneren Halt zu spüren. Das sollte alle Betroffenen wissen, die dieses Buch lesen: Zur Heilung braucht es keine Katharsis, kein erneutes Erleben der leidvollen Erfahrung. Daran hat man früher geglaubt und weiß es heute besser. Zur Heilung braucht es das Gegenteil des traumatischen Erlebens: Sicherheit, Verbindung, Stärkung. Es braucht die Botschaften: „Du bist sicher, ich bin bei dir, du hast die Wahl". Es braucht diese würdevolle Beziehungserfahrung. Zwischenmenschliches Trauma kann am Ende nur zwischenmenschlich verarbeitet werden.

Nach der Demonstration sind viele Teilnehmerinnen und Teilnehmer sehr berührt auf mich zugekommen, um mir ihren Dank und Anerkennung auszusprechen. Wenige zeigen sich auf der Bühne so verletzlich. Verletzlichkeit wird oft mit Mut und Stärke assoziiert. Natürlich ist das gleichzeitig gefährlich – wer Verletzlichkeit zeigt, kann auch verletzt werden. Aber nur, wenn ich dieses Risiko wage, ist wirkliche Begegnung möglich – mit mir selbst und mit anderen. Nur dann kann wirklich Wesentliches passieren. Aber nicht nur in der größten Gefahr liegt die größte Chance. In unserem größten Problem liegt zugleich unsere größte Kraftquelle. Als ich mir während der Demonstration alle meine Ressourcen vorgestellt habe, also all die Orte und Wesen, die mich stärken, ist etwas passiert, das ich mir vorher nicht hätte vorstellen können. Eigentlich waren in meiner Vorstellung schon alle Ressourcen anwesend. Da ich aber immer wieder aus der Ausgeglichenheit kam, wurde klar, für dieses Ziel brauchte es noch mehr. Und dann hatte ich plötzlich die Wahrnehmung einer neuen Präsenz. Nicht die Präsenz eines Menschen, es war eher so etwas wie eine Energie. Es verging noch etwas Zeit, bis ich begriff, worum es sich handelte. Dann wurde mir klar, dass diese Präsenz der unverletzte und unverletzliche Kern meines Vaters war, der mich da in meiner Absicht unterstützte, eine gesunde Beziehung zu führen. Das war ein Erleben jenseits des logischen Verstandes. Das war einfach die Erfahrung einer wohlmeinenden väterlichen Präsenz. Mein Vater: meine größte Kraftquelle. Diese Erkenntnis und diese Erfahrung musste ich erst mal verarbeiten. Das war ja keine Idee, die von außen kam. Das kam aus mir selbst heraus. Von außen kam nur Unterstützung. Wenn ich auf wichtige Fragen, wie die nach dem ersten Schritt auf dem Weg zu einer gesunden Beziehung, keine Antwort wusste, dann hat mich der Coach, also Robert Dilts, immer stärker und tiefer mit meinen Ressourcen und meinem Körper verbunden. Und wenn ich in dieser Verbindung mit mir selbst war, dann kam mir die Antwort auf die Frage von selbst. Der erste Schritt auf dem Weg in eine gesunde Beziehung ist: Vertrauen. Das war die Antwort. Es ist ein himmelweiter Unterschied, das zu denken oder das zu erleben. Denken ist für mich einfach. Sprechen ist für mich einfach. Meinen Körper und meine Gefühle zu spüren, das ist die Herausforderung. Alles zusammen zu erleben, ist himmlisch.

Ich möchte beruflich dazu beitragen, dass mehr Menschen diese Erfahrung machen können. Es ist immer noch nicht selbstverständlich, es ist immer noch ein Lottogewinn, wirklich gute Unterstützung zu bekommen – aber es ist möglich. In einem Gedicht von Erich Fried heißt es: „Es gibt nur ein einziges Gegengewicht gegen Unglück: das muss man suchen und finden und das ist Glück."

Charlotte

„Diese Erfahrung bestimmt nicht den Rest meines Lebens."

Ich bin 42 und lebe in Köln. Ich war viele Jahre im Bereich Öffentlichkeitsarbeit tätig, davon die meiste Zeit für eine Menschenrechtsorganisation. Aktuell arbeite ich als Angestellte im öffentlichen Dienst. Ich bin in einer festen Beziehung und lebe mit meinem Freund zusammen. Kinder haben wir nicht. Meine Freizeit verbringe ich gerne mit Freundinnen. Sie sind für mich ein absolut wichtiger Bestandteil meines Lebens. Außerdem bin ich, so oft es geht, in der Natur. Am liebsten irgendwo am Meer oder im Grünen außerhalb des Großstadttrubels, dort kann ich mich am besten entspannen und zur Ruhe kommen. Eine ähnliche Wirkung hat für mich Sport. Er ermöglicht mir, mich auszupowern und dabei den Kopf frei zu bekommen. Ein wunderbarer Ausgleich im Alltag. Und Bücher sind für mich sehr wichtig. Schon von Kindheit an.

Als der Missbrauch geschah, war ich fünf Jahre alt und lebte mit meiner Mutter zusammen. Sie war zu dem Zeitpunkt schwanger. Vom Vater ihres noch ungeborenen Babys hatte sie sich in den ersten Schwangerschaftsmonaten getrennt. Meine Großeltern und deren jüngster Sohn (damals 16 Jahre alt) lebten im selben Haus. Als meine Mutter unerwartet ins Krankenhaus musste, gab sie mich bei meinen Großeltern in Obhut. Während der Zeit, in der ich bei meinen Großeltern wohnte, missbrauchte mich mein Onkel. Es gab zwei Situationen, an die ich mich erinnere. Eine in seinem Zimmer, eine im Keller. Bei der Situation im Keller war ein Freund oder Bekannter meines Onkels anwesend. Mitbekommen hat es sonst niemand. Ich habe damals mit niemandem darüber gesprochen. Ich spürte, dass das, was passierte, nicht richtig war. Ich fühlte mich seltsam, aber so richtig verstanden habe ich es erst später.

Aktuell bin ich mit meiner Lebenssituation sehr zufrieden. Das war nicht immer so. Als Kind und Jugendliche, sogar noch als junge Frau, war ich oft unsicher ob meiner Selbst und von Selbstzweifeln geplagt. Durch die lange und intensive Auseinandersetzung mit mir und meinem Leben, in Gesprächen mit Freund*innen und in Therapien, fühle ich mich inzwischen weitestgehend angekommen in mir selbst. Ich habe gelernt, mich so anzunehmen und (meistens) so zu mögen, wie ich bin. Ich kenne meine schwachen Seiten, weiß aber zugleich um meine Stärken und dass ich mich trotz der Widrigkeiten und des Missbrauchs in meinem Leben freigekämpft habe und meinen eigenen Weg gehe. Dass Krisen mich zwar vorübergehend umhauen können, ich aber wieder aufstehe und sie mich nicht vernichten. Das Wissen und diese Sicherheit bedeuten für mich, ein erfolgreiches Leben zu führen. Denn erst dadurch bin ich in der Lage, wahrhafte Beziehungen führen zu können.

Die Bewältigung der erlebten Gewalt setzte ein, als ich das erste Mal darüber sprach. Als ich meine Sprachlosigkeit verlor und erfuhr, dass ich nicht schuld bin. Das war der erste wichtige Schritt. Dass ich die erlebte Gewalt bewältigt habe, merke ich daran, dass ich ohne Schuldgefühle über den Missbrauch sprechen kann. Dass ich immer noch fassungslos bin über das, was mein Onkel gemacht hat, dass ich aber nicht mehr vor Wut darüber sprachlos bin. Dass ich begriffen habe, wie wichtig es für mich ist, Distanz zu meiner Familie zu haben. Vor allem aber, dass ich eine Beziehung führe, in der ich mich auf meinen Partner einlassen kann. Auf geistiger, aber auch auf emotionaler und körperlicher Ebene. Dass ich vertraue, mir und den Menschen in meinem nahen Umfeld. Dass ich arbeite und mein Leben führe wie andere Menschen auch.

Ein Leben lang beschädigt oder geschändet? Nein! Natürlich hat mich der Missbrauch geprägt, natürlich hat er seine Spuren hinterlassen. Aber ich fühle mich dadurch nicht mein Leben lang beschädigt. Ich habe sexuelle Gewalt erfahren müssen, aber diese Erfahrung bestimmt nicht den Rest meines Lebens. Denn ich habe mich mit dem Erlebten auseinandergesetzt, es aufgearbeitet – das Geschehene dominiert mich nicht. Es wäre für mich seltsam, mich mein Leben lang als beschädigt oder geschändet zu betrachten. Das wäre für mich so, als hätte mein Onkel für den Rest meines Lebens Macht über mich.

Ich kann keinen genauen Zeitpunkt nennen, an dem mir bewusst wurde, dass der Missbrauch Folgen für mich hatte. Mir fiel als junge Frau auf, dass, wann immer ich von sexuellem Missbrauch las oder hörte, ich wahnsinnig wütend wurde. Dass ich mich aufregte, schimpfte, mit den Betroffenen mitlitt. Bis ich merkte, dass ich die Erlebnisse anderer Betroffener nutzte, um meine eigene Sprachlosigkeit zum Ausdruck zu bringen. Mir wurde klar, dass es meine eigene Wut war, die da rauskam. Zudem brachte ich irgendwann eine für mich ärgerliche Angewohnheit in Verbindung mit dem Missbrauch: Ich reiße mir oft die Nagelhaut an den Fingern so ein, dass sie wund ist. Meist merke ich es erst dann, wenn es bereits wehtut. Ich ahnte irgendwann, dass das etwas mit dem Missbrauch zu tun haben könnte. Vielleicht eine Art Kompensation, um den Schmerz oder die Wut über das Erlebte doch irgendwie nach außen zu bringen.

Die Auswirkungen der sexuellen Gewalt offenbarten sich mir eigentlich erst dann, als ich anfing, mich aktiv damit auseinanderzusetzen und über den Missbrauch zu reden. Das war mit Ende 20. Damals begann ich eine Therapie, um das Erlebte aufzuarbeiten. Ich war zu dem Zeitpunkt in einer Beziehung, die bis dato gut lief. Doch als ich meinem damaligen Freund von der sexuellen Gewalt in meiner Kindheit erzählte und davon, dass ich nun eine Therapie mache, wurde alles anders. Ich fühlte mich gewappnet und stark genug für die Therapie, doch mein Freund wurde unsicher, obwohl er mich unterstützen wollte. Er hatte wohl Angst, ich könne in der Therapie zusammenbrechen, das Erlebte könne unkontrolliert über mich (und am Ende auch über ihn) hereinbrechen. Er rechnete immer mit dem Schlimmsten und schien beinahe erstaunt, dass ich nach einer Therapiestunde nicht völlig am Boden zerstört war. Ich glaube, das ganze Thema hat ihn maßlos verunsichert, überfordert und ihn am Ende mit seinen eigenen Ängsten konfrontiert. Ich fühlte mich irgendwann nur noch auf den sexuellen Missbrauch reduziert und zwischen uns ging es stetig bergab. So schlimm das einerseits war, hat mir diese Zeit meines Lebens doch gezeigt, wie viel Kraft in mir ist. So habe ich dann auch das Ende der Beziehung erlebt: Der Schmerz über den Verlust war immens, ich fühlte mich elend. Doch zugleich konnte ich den Schmerz zulassen, weil ich wusste, er würde vorübergehen und ich würde ihn überleben.

Die größte Auswirkung hatte der Missbrauch jedoch auf die Beziehung zu meiner Mutter – mit Folgen bis heute. Während der Therapie, in der ich die sexuelle Gewalt aufarbeitete, beschloss ich meiner Mutter von dem Missbrauch zu erzählen. Die Beziehung zu meiner Mutter war bis dahin okay. Sie hat mich und meine Schwester alleine großgezogen und ihr Bestmögliches getan, um uns gut zu versorgen. Es war sicher hart für sie, uns alleine durchzubringen. Sie arbeitete viel und versuchte uns so gut es ging zu erziehen. Emotionale Wärme gab es dabei eher selten. Ich glaube, sie konnte nicht anders: Sie hatte das reine Funktionieren von ihrer Mutter gelernt und war zu sehr mit ihren Problemen beschäftigt, um für uns emotional da sein zu können. Trotzdem wollte ich meiner Mutter später von dem Missbrauch erzählen. Ich dachte, sie solle wissen, was passiert ist. Ich habe mir damals wohl gewünscht, sie wäre jetzt stark genug, um für mich da zu sein, um mich zumindest jetzt irgendwie zu unterstützen und für mich einzustehen. Doch ihre tatsächliche Reaktion macht mich heute noch sprachlos: Ich erzählte ihr, dass ihr Bruder mich als Kind missbraucht hat und sie fragte mich im Gegenzug als erstes: „Was hast du jetzt vor? Willst du jetzt die ganze Familie kaputt machen?" Ich war fassungslos, wie unter Schock. Sind das wirklich die Worte meiner Mutter? Damals bin ich innerlich zusammengebrochen. Die Reaktion meiner Mutter kam für mich so unerwartet, dass ich nichts mehr sagen konnte. Ich brach dann das Gespräch ab. Es folgten einige Wochen der Funkstille zwischen uns. In der Zeit half mir meine Therapie sehr weiter. Ich konnte dort meine Fassungslosigkeit über die Kälte meiner Mutter thematisieren, erfuhr aber zudem, was mögliche Gründe für ihre Reaktion sein könnten (Hilflosigkeit, Überforderung, eventuell eigene Betroffenheit usw.). Das half mir zumindest, mich in all dem emotionalen Chaos etwas zu sortieren, selbst wenn es mir nicht das Entsetzen über die Reaktion meiner Mutter nehmen konnte. In meinen Augen rechtfertigt rein gar nichts die unglaubliche Reaktion meiner Mutter. Sie bemühte sich, wieder mit mir Kontakt aufzunehmen und entschuldigte sich. Die Entschuldigung anzunehmen, fiel mir extrem schwer – vom Verstand her versuchte ich es, emotional ist es mir bis heute wohl nicht wirklich gelungen. Unser Verhältnis normalisierte sich mit der Zeit einigermaßen, doch ich ging von da an mehr auf Distanz zu meiner Mutter. Das Thema Missbrauch wurde irgendwie totgeschwiegen. Ein paar wenige Jahre später gab es dann noch mal eine ähnliche Situation. Sie sagte mir, dass sie mir das mit dem Missbrauch ohnehin nie geglaubt hätte. Wieder ein Schlag ins Gesicht. Meine eigene Mutter glaubt mir nicht?! Warum sollte ich mir das ausdenken? Wo ist die Empathie meiner Mutter? Was muss in ihr vorgehen, dass sie das Thema so rigoros abwehrt? Ich weiß es bis heute nicht. Wieder war für eine Weile Funkstille zwischen uns. Ich dachte daran, den Kontakt komplett abzubrechen, konnte es aber nicht. Wir sind wieder im Kontakt, selten, und fast ausschließlich telefonisch. Wir sehen uns vielleicht alle zwei Jahre mal und wenn, dann nur kurz. Der Missbrauch wird weiterhin nicht thematisiert. Ich weiß, sie hat nach wie vor Kontakt mit ihrem Bruder. Ich kann nicht begreifen, wie das geht, wie sie einfach so weitermachen kann, als wäre nichts geschehen. Diese Frage wird mich immer begleiten und ich glaube nicht mehr daran, dass ich darauf von ihr noch eine Antwort bekommen werde.

Ich sehe mich als Betroffene sexueller Gewalt. Ein Opfer war ich in den Momenten, als mein Onkel mich missbrauchte. Vielleicht fühlte ich mich so lange als Opfer, bis ich anfing, mich mit der erlebten Gewalt auseinanderzusetzen und darüber zu sprechen. In der Therapie und in meiner damaligen Beziehung wurde mir klar, dass ich nicht auf die Opferrolle reduziert werden will, denn ich bin mehr als das. Es gibt so viel mehr, was mich ausmacht. Daher trifft es der Begriff „Betroffene" am ehesten.

Ich war anfangs in meiner Therapie wahnsinnig wütend auf meinen Onkel. Wütend, fassungslos, traurig. Immer wieder beschäftigte mich die Frage, wie ein Mensch so etwas einem anderen antun kann? Eine Frage, auf die ich bis heute keine Antwort habe. Es wird mir immer ein Rätsel bleiben, wie Menschen auf so eine Weise ihre Macht ausleben können. Der Missbrauch hat mich natürlich geprägt, er wird immer eine meiner Erfahrungen bleiben – ob ich das will oder nicht. Aber er ist seit einigen Jahren in meinem Leben kaum noch präsent. Ich denke nur noch selten an die beiden Situationen von damals. Nicht weil ich die Gedanken daran wegschiebe, sondern weil ich mich so damit auseinandergesetzt habe, dass der Missbrauch kaum noch Raum einnimmt. Ich werde aber dennoch immer wieder damit konfrontiert im Alltag. Allein durch Berichte in den Medien über sexualisierte Gewalt, die mir immer wieder vor Augen führen, wie viele Betroffene es gibt, wie verbreitet diese Gewalt ist. Das macht mich wütend und rührt natürlich immer zugleich an meiner eigenen Erfahrung. Was immer noch präsent ist und für mich heute fast noch mehr wiegt als die sexuelle Gewalt durch meinen Onkel, ist die Tatsache, wie meine Mutter mit dem Wissen um den Missbrauch umgeht.

Ich habe lange gebraucht, um das erste Mal über die Missbrauchserfahrung zu sprechen. Erst mit Ende 20 war ich soweit, mich zu öffnen. Ich suchte mir damals eine Therapeutin, mit der ich den Missbrauch aufarbeitete. Für mich war das Darübersprechen wichtig: Endlich konnte ich einen Teil von mir zum Ausdruck bringen, den ich bis dahin weggeschlossen hatte. Während der Therapie begann ich dann außerdem mit engen Freund*innen über meine Erfahrung zu sprechen. Dabei stellte ich fest, wie viele in meinem Umfeld Erfahrungen mit sexueller Gewalt gemacht haben. Mit meiner Schwester habe ich ebenfalls darüber gesprochen. Vor allem, weil ich wissen wollte, ob sie ähnliche Erfahrungen gemacht hat. Sie erzählte mir, dass mein Onkel auch versucht hatte, sie sexuell zu belästigen, dass meine Mutter aber in dem Moment dazukam und dadurch mehr verhinderte. Als ich das erfuhr, war ich heilfroh, dass meiner Schwester Schlimmeres erspart geblieben ist. Und gleichzeitig schien (und scheint) es mir umso unfassbarer, dass meine Mutter mir nicht glaubt. Meinem früheren Freund habe ich es gesagt. Er konnte, wie bereits erwähnt, solange damit umgehen, bis ich eine Therapie anfing. Mein aktueller Partner weiß es auch. Ich habe es ihm gesagt, weil ich Vertrauen zu ihm habe und nichts vorenthalten wollte.

Das lange Schweigen über das, was mein Onkel mir angetan hat, führte dazu, dass diese Erfahrung über Jahre in mir eingekapselt war. Es war wie ein Befreiungsschlag, darüber zu sprechen. Ich konnte dadurch meinen Gefühlen Ausdruck verleihen, mich austauschen. Das Reden darüber war für mich immens wichtig. Mit meinem Onkel habe ich keinen Kontakt, ich habe ihn auch nie damit konfrontiert. Manchmal frage ich mich, ob er überhaupt weiß, dass ich mich erinnern kann an das, was er gemacht hat. Ich möchte ihm nicht mehr gegenübertreten, aber ich denke immer mal wieder – und derzeit oft – darüber nach, ihm einen Brief zu schreiben. Ich möchte ihn damit konfrontieren. Ihn aus seiner vermeintlichen Sicherheit rausholen. Ihm schreiben, dass die Erinnerung präsent ist und dass er mir mein kindliches Urvertrauen genommen hat. Dass ich froh bin, dass er keine eigenen Kinder hat und hoffe, dass er kaum Kontakt zu Kindern bekommt.

Dass der Missbrauch durch meinen Onkel zwischen meiner Mutter und mir totgeschwiegen wird, ist für mich manchmal unerträglich. Ich weiß, sie weiß davon, und doch wird es nicht zum Thema gemacht. Ich trage dazu ja ebenfalls meinen Teil bei. Weil ich weiß, dass wir wieder am gleichen Punkt wie vor Jahren ankämen. Uns wieder streiten würden, ich wieder fassungslos zurückbleiben würde. Vielleicht habe ich Angst davor, wieder zusammenzubrechen aufgrund ihrer abweisenden Kälte. Manchmal mag ich mich selbst nicht dafür, dass ich dieses Theater mitspiele. Das einzige was ich immer wieder gemacht habe, wenn meine Mutter am Telefon irgendwas von meinem Onkel erzählen wollte – ich stoppte sie. Dann sagte ich ihr: Ich will das nicht wissen, er interessiert mich nicht. Dann folgte ein kurzes Schweigen – und sie fing mit einem neuen Thema an. Inzwischen macht sie das nicht mehr. Ich habe keine Hoffnung, dass sie jemals auf mich zukommen und sich entschuldigen wird für ihre Abwehr, Ignoranz und verletzenden Worte. Dabei würde ich es mir doch wünschen.

Später, auch durch meine Arbeit bei der Menschenrechtsorganisation, wurde mir immer bewusster, wie wichtig es ist, Erfahrung mit sexueller Gewalt zu thematisieren. Das Darübersprechen holt Betroffene aus ihrer vermeintlichen Isoliertheit. Erst wenn wir darüber reden, ist es möglich, die Täter anzuklagen, sich gegen die erfahrene Gewalt zu wehren und Gerechtigkeit einzufordern. Schweigen macht hilflos, doch das Darübersprechen kann stärken. Immer noch ist es oft so, wie es auch lange bei mir selbst war, dass Betroffene sich nicht trauen, über den Missbrauch zu sprechen. Als ob sie Schuld hätten! Es ist unerträglich, dass Frauen sich schämen für das, was ihnen angetan wurde. Schämen müssen sich die, die diese Form der Gewalt ausüben. Daher muss sexualisierte Gewalt geahndet werden, Täter müssen bestraft werden. In erster Linie müssen Betroffene aber die Sicherheit haben, darüber sprechen zu können. Und zwar so, dass sie ernst genommen werden. Ich erinnere mich an eine Situation, die sich mir eingeprägt hat: Meine Schwester, sie war damals 17 Jahre alt, wirkte eines Abends ziemlich durcheinander. Ich fragte sie, was los sei. Nach einer Weile erfuhr ich, dass sie morgens auf der Straße, es war noch dunkel, von einem Mann von hinten angegriffen worden war und er sie zwischen den Beinen berührt hatte. Alles ging blitzschnell. Sie konnte ihn kaum erkennen. Ich bin dann mit meiner Schwester zur Polizei gegangen, um den Mann anzuzeigen. Ich werde nie vergessen, wie uns der Mann an der Pforte bei der Polizei anschaute, als wir sagten, meine Schwester wolle Anzeige wegen eines sexuellen Übergriffs erstatten. Der Mann an der Pforte schaute meine Schwester mit einer Mischung aus Ungläubigkeit und süffisantem Grinsen an. Ich bin damals fast geplatzt vor Wut und erwiderte nur: „Das ist wirklich nicht lustig." Als wir dann in die Polizeiwache gingen, machte ich mir Sorgen, dass meine Schwester an einen Beamten geraten würde, der sie nicht ernst nehmen oder es als Bagatelldelikt abtun würde. Zum Glück war dem nicht so. Der Beamte war sehr einfühlsam, nahm die Anzeige meiner Schwester mit Respekt auf und sagte ihr aber, dass die Anzeige gegen unbekannt wohl kaum zum Erfolg führen würde. Meine Schwester war trotzdem insgesamt froh, dass wir dort waren.

In unserer Gesellschaft braucht es vor allem Aufklärung und Sensibilisierung, auch zum Umgang mit sexueller Gewalt. Es braucht Aufklärung über Punkte, die eigentlich selbstverständlich sein sollten: Dass Kinder und Jugendliche schutzbedürftig sind, dass junge Mädchen und Frauen kein Freiwild sind, wenn sie beispielsweise nachts alleine auf der Straße unterwegs sind und einen kurzen Rock tragen. Dass „nein" ein „Nein" ist. Das Thema sexualisierte Gewalt muss in der Öffentlichkeit präsenter werden, damit darüber gesprochen wird. Damit Betroffene sich aus ihrer Scham herausbegeben können und die Täter angezeigt werden können. Damit beispielsweise Eltern, Erzieher*innen und Lehrerkräfte viel mehr sensibilisiert werden und erkennen können, wenn Kinder und Jugendliche möglicherweise sexuelle Gewalt erfahren haben. Eltern, Erzieher, Lehrkräfte und andere müssen achtsam sein, in Verbindung mit ihren Kindern bleiben und eine vertrauensvolle Beziehung aufbauen. Kinder, Jugendliche und Betroffene müssen aufgeklärt werden. Sie müssen lernen, sich in gesundem Maße abzugrenzen, sie müssen wissen, wohin sie sich wenden können. Außerdem dürfen Betroffene in der Gesellschaft nicht auf die Opferrolle festgelegt werden. Viele Menschen, die Erfahrung mit sexueller Gewalt gemacht haben, verfügen über so viel Kraft und schaffen es trotz der Erfahrung, ihr Leben glücklich und erfolgreich zu leben. Die ihnen oft zugewiesene ewige Opferrolle wird ihnen nicht gerecht.

Auf jeden Fall dürfen Betroffene das Leben genießen. Warum auch nicht?! Es zeugt doch von der Kraft und Stärke der Betroffenen, wenn sie trotz der gemachten Erfahrungen (wieder) Freude am Leben haben können. Es zeigt, dass Betroffenen wieder (zurück) ins Leben gefunden haben. Wer meint, Betroffene dürften keinen Spaß im Leben haben, denn dann kann der Missbrauch ja nicht so schlimm gewesen sein, gehört zu denen, die Betroffene nur in der Opferrolle sehen.

Ich kann nur für mich sprechen: Sexualität und Lust sind für mich trotz der gemachten Erfahrung möglich. Manche Betroffene können körperliche Nähe später kaum ertragen. Bei mir war es eher die emotionale Nähe, auf die ich mich lange nicht einlassen konnte. Inzwischen geht beides.

Ich habe zuerst eine Verhaltenstherapie gemacht mit Schwerpunkt auf Traumaarbeit, in der ich den Missbrauch durch meinen Onkel aufgearbeitet habe. Im Laufe der Therapie merkte ich dann, dass ich die erlebte sexuelle Gewalt durch meinen Onkel beinahe besser verarbeiten konnte als den Umgang meiner Mutter mit dem Thema. Daher habe ich Jahre später noch mal eine tiefenpsychologische Therapie gemacht, in der ich insbesondere die Beziehung zu meiner Mutter bearbeitet habe. Geholfen haben mir zudem viele Gespräche mit Freundinnen, von denen einige selbst Betroffene sind. Der Austausch darüber hilft dabei, eigene Verhaltensmuster, die eventuell auf den Missbrauch zurückzuführen sind, besser zu verstehen. Er schafft darüber hinaus Verbindung und Solidarität mit anderen Betroffenen. Ich bin sicher, dass es mir geholfen hat, irgendwann das Schweigen über den Missbrauch zu brechen und darüber zu sprechen. Die Auseinandersetzung mit dem Erlebten, das Aufarbeiten waren für mich sehr wichtig.

Wie bereits erwähnt, habe ich die sexuelle Gewalt als solche verarbeitet. Das treibt mich emotional nicht mehr um. Vielmehr ist es die Beziehung zu meiner Mutter, die mich doch immer mal wieder mehr oder weniger beschäftigt. Ich finde es zum Himmel schreiend, dass sie den Missbrauch durch meinen Onkel verleugnet, mir nicht glaubt und mit ihm weiterhin im Kontakt ist, als wäre nichts passiert. Daran werde ich wohl immer zu arbeiten haben. Ich könnte den Kontakt zu ihr abbrechen, aber ob es mir dann besser ginge? Ich weiß nicht, was noch kommt, ob wir irgendwann noch mal darüber sprechen. Ich würde es mir wünschen, glaube aber nicht daran.

Nachtrag: Beim Beantworten der Fragen und beim nochmaligen Drüberlesen fällt mir auf, dass ich mit einer gewissen Distanz über die Fragen reflektiert habe. Ich hatte die Wahl, das Interview mündlich zu machen oder schriftlich. Ich habe mich für Letzteres entschieden, weil ich meinte, dann in Ruhe darüber nachdenken zu können. Vielleicht war das aber nicht der einzige Grund. Ich frage mich, ob ich noch persönlicher geantwortet hätte, wenn ich das Interview mündlich gemacht hätte. Vielleicht hatte ich unbewusst Angst, dass zu viele Emotionen hochkommen könnten, wenn ich in einem Interview darüber sprechen würde. So merke ich, dass ich beim Schreiben die Kontrolle behalten konnte.

Ida

„Für mich und mein Leben zu kämpfen, musste ich erst einmal lernen."

Vorbemerkung:

Als ich das fertige Interview gelesen habe, hat das eine heftige Reaktion in mir ausgelöst. Auf fast 30 Seiten die eigene (Missbrauchs-)Geschichte, über mein tieferes Inneres, einen sehr intimen Bereich zu lesen, war zunächst noch mal sehr schambehaftet. Ich habe mehrere Anläufe gebraucht, den Text immer wieder weggelegt und mich dann doch irgendwann überwunden.

Normalerweise rede ich nicht in der Form über mich, Freundinnen kennen ebenfalls meist nur Ausschnitte. Und diese Gespräche finden in einem geschützten Kontext, in einem Dialog statt. Ich sehe die Reaktionen meines Gegenübers und stimme meine eigene Reaktion darauf ab. Ich kann sehen, ob sie das, was ich sage, verstehen. Ob es mir oder dem anderen zu viel wird oder ob es bei meinem Gegenüber gut aufgehoben ist. Das alles hatte ich beim Lesen nicht und ich weiß nicht, wie all das, was ich gesagt habe, bei den Leserinnen und Lesern des Buches ankommt.

Mein erster Impuls war, alles was da stand zu korrigieren, umzuformulieren, zu „beschönigen", zu versachlichen. Ich habe gemerkt, dass es mir immer noch sehr wichtig ist, was andere über mich denken und dass es in mir immer noch eine Angst gibt, dass jemand das Gesagte abschwächt und ins Lächerliche zieht. Mich ins Lächerliche zieht oder mich sogar verurteilt im Sinne von, „die hat sie ja nicht mehr alle – die ist Psychologin mit so einer Geschichte? Das geht ja gar nicht! Und dann auch noch die Art und Weise, wie laienhaft sie darüber spricht". All meine Ängste, die Scham, Schuldgefühle – alles, was im Bewältigungsprozess eine wichtige Rolle gespielt hat, kam noch mal hoch. Es ist nach wie vor nicht leicht, sich zu zeigen und es gibt nach wie vor Alarmreaktionen in mir, die aufpassen, wie andere reagieren oder über mich denken könnten. Ich habe im Laufe der Zeit gelernt, meine Geschichte auch durch Bildung und durch Intellektualisieren zu verarbeiten. Meine Kompetenz, die ich mir beruflich erworben habe – beispielsweise die Mechanismen zu sehen, zu erkennen, was Missbrauch bei mir, aber auch bei anderen auslöst und auslösen kann und wie man dann damit umgeht oder eine pro-

fessionelle Sprache dafür zu haben, um all das auszudrücken und zu erklären – die schützt mich zugleich. Und es ist sehr bedrohlich, diese Schutzmechanismen fallen zu lassen. Aber für das Interview hier habe ich mich letztlich doch ganz bewusst entschieden, all meine Schutzmechanismen, die ich mir aufgebaut habe, beiseitezuschieben. Das ist mir noch mal wichtig zu betonen und ich stehe nach wie vor dahinter: Als Interviewte war ich nicht in der Rolle der professionellen Psychologin. Ich war und bin darin eine Privatperson. Ich habe als Betroffene, in einer emotionalen, ungeschönten Sprache gesprochen und mich bewusst entschieden, alles Gesagte so stehen zu lassen. Manches ist vielleicht etwas wirr, ungeordnet, manches vielleicht ambivalent und widersprüchlich und manchmal wiederholt es sich. Ich denke, dass es aber gerade genau darum geht – so ist das Innenleben und es ist wichtig, das zu sehen. Es geht darum, zu zeigen, was es mit mir als privaten Menschen macht, mit meiner ganzen Persönlichkeit, mit meinem Empfinden und Erleben. Ich möchte mich nicht ausliefern, deswegen auch das Interview in anonymer Form, aber ich möchte mich auch nicht mehr verstecken.

Ich bin 44 Jahre alt und verheiratet. Ich habe drei Kinder, eines aus der ersten, zwei aus der zweiten Ehe. Ich bin auf dem Land, auf einem Bauernhof aufgewachsen. Ich glaube, dass alles, was mit dem Missbrauch in meiner Kindheit zusammenhängt, durch meinen familiären Kontext geprägt ist und viel mit den dörflichen Lebensumständen zu tun hat, in denen ich groß geworden bin. Familie ist der Raum, wo Werte weitergegeben und Beziehungen gelebt werden, wo miteinander gesprochen wird, wo man geschützt aufwächst oder eben auch nicht. Bei uns zu Hause waren die Kirche und die Arbeit das Wichtigste. Wie es einem geht oder was man möchte, darum ging es überhaupt nicht. In unserer bäuerlichen Arbeiterfamilie, wo es tagtäglich um die Existenz ging, darum das tägliche Arbeitspensum zu schaffen, spielten Gefühle und persönliche Bedürfnisse einfach keine Rolle. Hinzu kommt, dass der ländliche, bäuerliche Raum oft ein sehr geschlossener Raum ist. Je höher der Bildungsstand oder je offener eine Familie ist und – beispielsweise durch eine Berufstätigkeit der Eltern außerhalb des Dorfes – nach außen geht, desto mehr Einflüsse kommen rein und umso mehr äußere und vor allem innere Beweglichkeit finden statt. Seit ich in der Stadt lebe, sehe ich, dass dort das Leben ganz anders pulsiert. Da passiert so viel, alles ist in Bewegung und man hat ständig neue Gelegenheiten zu schauen, wie andere Menschen leben, was sie machen und wie sie miteinander umgehen. Bei uns gab es wenig Impulse von außen, da war alles sehr begrenzt und eingespielt.

Ich glaube vor allem der Punkt, dass Gefühle und Befindlichkeiten egal waren, das hat den Missbrauch wesentlich mitbedingt. Ich wäre nie auf die Idee gekommen, mich jemandem anzuvertrauen oder hätte mich niemals getraut, mir Hilfe zu holen, als der Missbrauch begann. Ich hätte auch gar nicht damit gerechnet, Hilfe zu bekommen. Ich kannte das überhaupt nicht, in irgendeiner Situation Hilfe zu bekommen. Außerdem war alles gleichzeitig sehr schambehaftet. Über sich selbst zu reden, über Emotionen zu reden – das durfte überhaupt nicht sein, da nimmt man sich selbst viel zu wichtig. Über die eigenen Bedürfnisse oder die eigene Bedürftigkeit zu sprechen, dafür gab es einfach keinen Raum, keine Sprache. Mehr noch, das war sogar eine Sünde. Das war alles sehr katholisch geprägt. Katholisch sein, bedeutete brav zu sein, folgsam zu ein, sich selbst nicht so wichtig zu nehmen, eher für andere da zu sein, seine Pflicht zu erfüllen. Es war einfach verpönt, über sich selbst zu reden. Wenn ich es als Kind gewagt habe, zu äußern, was ich möchte oder nicht möchte, hieß es sofort: „Du bist ja immer nur unzufrieden, was du nicht immer alles willst." Es wurde immer mit dem Vorwurf beantwortet, wie schlecht ich sei. „Du meinst wohl, du bist was Besseres" oder „du willst wohl was Besseres sein", das waren Sätze, die ich immer gehört habe, sobald ich irgendetwas formuliert habe. Das galt natürlich nicht nur für mich. Meine Geschwister durften das ebenfalls nicht und auch meine Eltern haben nie über sich und ihre Gefühle geredet. Wir hatten einfach keinen normalen, gesunden Umgang mit Emotionen. Man konnte Gefühle nirgendwo verankern oder einen Zusammenhang zu den Umständen herstellen. Die emotionale Atmosphäre zu Hause war deshalb immer sehr geladen. Entweder war alles super harmonisch und wir hatten uns alle furchtbar lieb und waren die supernette Großfamilie oder es war extrem aggressiv und ist hochgekocht. Alles wurde sofort zu einer emotionalen Not und ging in die Richtung: laut, heftig, ungefiltert, aggressiv. Diese Impulsivität habe ich teilweise übernommen. Bis heute ist es so, dass ich sehr schnell hochschieße, wenn es um Emotionen geht und ich rede oft viel vehementer, als es nötig wäre oder als ich es eigentlich möchte.

Die ersten Missbrauchssituationen fanden innerhalb der Familie statt. Ich habe viele ältere Geschwister, fast alles Jungs. Nur ich und die Älteste waren Mädchen. Ich bin die Jüngste. Es begann, als meine älteren Brüder in die Pubertät kamen und irgendeinen Umgang mit ihrer Sexualität finden mussten und zunächst einmal kein anderes Ventil dafür hatten, als ihre kleine Schwester, mit der man experimentieren konnte. Das ist alles aus deren inneren Bedrängnis heraus entstanden. Sie hätten sich natürlich eine Freundin suchen können und im Dorf gab es ja andere Mädels in ihrem Alter. Aber das muss man sich ja erst einmal trauen. Meine Brüder waren damals etwa zwölf bis 15 Jahre alt. Ich habe nicht so viele deutliche, nur vereinzelte Erinnerungen an den Missbrauch. Zeitliche Einordnungen kann ich im Nachhinein nur an Ereignissen von damals vornehmen. Zum Beispiel weiß ich, dass ich noch nicht in der Schule war, als es begann. Oder ich erinnere mich, wo die Missbrauchssituationen stattgefunden haben und wie damals die Zimmer eingerichtet waren. Später wurden die Zimmer umgeräumt. So weiß ich, dass ich bei den ersten Situationen, an die ich mich erinnere, etwa fünf war und es etwa so lange ging, bis ich ungefähr sieben Jahre alt war.

Ich glaube, da es bei uns zu Hause keinen Umgang mit Emotionen gab und wir Kinder alle emotional komplett verwahrlost waren und Bedürfnisse nie erfüllt wurden, dass sich hier die emotionalen Bedürfnisse mit den sexuellen Bedürfnissen noch mal vermischt haben und meine Brüder sich auch auf diesem Wege etwas abholen wollten. Natürlich nicht bewusst. Mit etwa sieben Jahren habe ich angefangen, Wege zu finden, mich den Situationen zu entziehen. Später haben sich meine Brüder Freundinnen gesucht und konnten ihre Sexualität endlich nach außen tragen. Ich lege meine Hand für sie ins Feuer, dass sie als Erwachsene niemals irgendein Kind angefasst haben oder heute gegen Frauen missbräuchlich sind.

Weil ich zu Hause nicht gelernt hatte, mich zu schützen, habe ich danach leider aber auch noch Missbrauch außerhalb der Familie erfahren. Außerdem kam ich als Kind sehr oft in Situationen, die kurz vorm Missbrauch waren. Situationen, in denen ich gemerkt habe, hier stimmt was nicht, hier muss ich sofort raus, mich in Sicherheit bringen und schauen, dass ich nicht allein mit dem Mann bin. Ich habe schon sehr früh, sehr schnell gelernt, solche Situationen zu erfassen und mich da herauszuwinden. Auf der anderen Seite merkten aber diese Männer, dass ich mich schwertat, mich zu wehren. Ich mag nicht sagen, ich war ein geeignetes Opfer, weil ich den Ausdruck so hasse, aber sie haben genau gemerkt, dass ich ungeschützt war – wenn man es mit einem Kind machen kann, dann eben mit so einem Kind, wie ich es war. Wenn man zur Angepasstheit und zum Bravsein erzogen wird, begünstigt das solche Missbrauchssituationen noch zusätzlich. Und auch, wenn man mit moralischen, gesellschaftlichen Werten groß wird, wie „du darfst keine eigene Meinung haben", „du musst das machen, was die anderen sagen", „die anderen haben immer recht, du hast nie recht", „Erwachsene sowieso und Männer noch mal mehr". Ich war sehr durch die katholische Erziehung geprägt, die besagt, dass wir Frauen die Erbsünde in uns tragen, sowieso befleckt und schmutzig sind und dass, wenn überhaupt jemand zur Reinheit kommen kann, es dann nur die Männer sind. Männer, oder auch Jungs, waren immer ein paar Stufen über mir und ich habe mich nicht getraut, die vor den Kopf zu stoßen oder Nein zu sagen. Und selbst wenn ich heute sage, ich habe mich in späterer Zeit schnell herausgewunden aus Missbrauchssituationen, habe ich das nie auf direktem Weg getan. Ich habe einfach irgendwelche Wege gefunden – ich bin beispielsweise aufs Klo gegangen und durchs Fenster geklettert und abgehauen. Ich hätte mich nie getraut zu sagen: „Hör auf" oder „ich will das nicht". Ich habe gut gelernt, wie ich flüchten kann.

Als Kind dachte ich, es ist meine Schuld, dass es passiert. Oder besser – da war ich ambivalent. Ich wusste schon, dass das nicht in Ordnung war, was meine Brüder oder später die anderen Männer machten. Aber ich wusste gleichzeitig, dass mir das keiner glauben würde. Ein Teil von mir wusste, ich mache nichts falsch. Aber ich wusste vor allem auch, dass, wenn ich irgendjemandem davon erzählen würde, sie es so drehen würden, dass ich Schuld habe. Ich konnte mir keinen Grund vorstellen, warum ich schuldig sein sollte, aber die anderen würden es schon wissen. Die würden auf jeden Fall Gründe finden, warum ich schuldig war. Und ich habe mich tatsächlich schuldig gefühlt, weil ich mich nicht gewehrt habe und mit meinen Brüdern mitgegangen bin. Ich habe den Kontakt zu meinen Brüdern ja durchaus gesucht, ich habe sie geliebt. Sie haben mich mit Liebe gelockt und ich habe die Liebe auch bekommen. Es gab einen Teil, den ich brauchte, den ich gewollt habe. Ich habe die Liebe und die Zuwendung gewollt, aber nicht den Missbrauch. Dass meine Brüder das nicht getrennt haben, war das Fatale für mich. Dadurch fühlte ich mich automatisch schuldig. Heute weiß ich, dass ich keine Schuld hatte, ich war ein Kind. Die Verantwortung dafür hatte jemand anderer, nicht ich.

Im Großen und Ganzen führe ich heute ein sehr zufriedenes Leben. In einzelnen Bereichen ist es nicht zufriedenstellend. Ein paar Bereiche haben sicherlich mit dem Missbrauch zu tun und damit, wie ich als Kind aufgestellt war. Meine Kindheit hat dazu geführt, dass ich mich mein Leben lang mit ihr auseinandersetzen musste, ich mache das bis heute. Es ist ein Lebensthema geworden und ich habe einen guten Weg damit gefunden. Aber für mich hat es eine sehr intensive Auseinandersetzung gebraucht. Es hat mich geprägt und es hat mein Leben komplett in diese Richtung gedrängt. Heute bin ich Psychologin. Schon als Kind habe ich mich sehr viel mit Menschen auseinandergesetzt und musste eine ganz feine Beobachtungsgabe entwickeln, um abzuschätzen, wie mein Gegenüber drauf ist, ob Gefahr droht, was ich machen kann, um aus der Situation zu kommen. Und vor dem Hintergrund der emotionalen Verwahrlosung habe ich sehr früh meine Antennen ausgefahren und mir angeschaut, wie andere Menschen ihr Leben gestalten. Ich wusste, so wie ich aufgewachsen bin, so möchte ich nicht leben. Ich wollte nicht in die Fußstapfen meiner Eltern treten. Ich wollte ganz anders leben, aber am Anfang hatte ich keine Idee wie. Auch da und gerade deshalb habe ich mich sehr damit auseinandergesetzt und geschaut, wie benehmen sich andere Menschen. Ich habe mich gefragt, wie bei anderen Beziehungen zustande kommen, warum sie handeln, wie sie handeln und was das alles für mich bedeutet? Das hat mich als Lebensfragen schon sehr früh begleitet. Im jungen Erwachsenenalter konnte ich das natürlich nicht so klar erfassen, da hat es mich eher unbewusst getrieben. Durch die Auseinandersetzung damit und durch Therapien kann ich das heute so formulieren und weiß, dass das schon immer meine Themen waren. Ich bin in den sozialen Bereich gegangen, bin erst Erzieherin geworden und habe dann später Psychologie studiert, weil ich wollte, dass es anderen Menschen gut geht. Ich habe selbst erfahren, wie es ist, wenn es einem nicht gut geht, vor allem Kindern. Ich wollte immer, dass es Kindern nicht so ergeht, wie es mir ergangen ist. Es war zudem eine Art Ersatzhandlung – ich selbst konnte es nicht so erleben, aber es freut mich total, wenn ich dazu beitragen kann, dass sich schwierige Situationen verändern und es anderen danach besser geht.

Die Auseinandersetzung mit meinem Leben, mit meinen Erlebnissen war anfangs aber gleichzeitig mit der Angst und Frage verbunden, ob ich nicht zu beschädigt bin. Ob ich ein normales Leben führen kann und darf. Ich habe mich gefragt, ob ich alle Fähigkeiten dazu habe oder ob ich mir da nur etwas vormache. Meine Angst, beschädigt zu sein, rührte daher, dass ich nach und nach von verschiedenen Seiten mitbekommen habe, dass man als beschädigt galt, wenn man Missbrauch oder Verwahrlosung erfahren hat. Diese allgemeine, gesellschaftliche Meinung hat mich erst darauf gebracht, mich in der Form in Frage zu stellen. Da gab es zum Beispiel ein Mädchen aus meiner Schule, mit der ich mich im Schulbus angefreundet hatte. Die erzählte mir eines Tages, dass sie von der Polizei verhört worden war. Ein paar Tage vorher hatte es an unserer Schule eine anonyme Bombendrohung gegeben. Sie war so ein tolles Mädchen und ich habe überhaupt nicht verstanden, warum man sie verdächtigte. Aber ihre Familie war bekannt. Zwei Jahre vorher wurde öffentlich breitgetreten, dass ihre Schwester vom Stiefvater missbraucht worden ist. Da war es „naheliegend", dass diese Freundin etwas mit der Bombendrohung zu tun hatte, zumal sie an dem Tag der Bombendrohung eine Klassenarbeit schreiben sollte. Das wurde so explizit nicht gesagt, aber wir haben uns das dann so zusammengereimt. Bei uns blieb der Eindruck zurück, dass man nie wieder aus der Nummer herauskommt, wenn man irgendwann einmal etwas Schlimmes erlebt hat. Parallel dazu lernte ich im Pädagogikunterricht, wie sehr ein ungünstiges Umfeld die Entwicklung von Kindern negativ beeinflusst. Von mir aus hätte ich mich nicht als beschädigt empfunden oder so bezeichnet. Ich habe schon gedacht, „warum bin ich so kompliziert?" oder „warum gelingen mir Dinge nicht, warum kann ich zum Beispiel nicht Nein sagen oder warum setze ich immer auf die falschen Menschen?" Ich habe schon gemerkt, ich bin sehr eigen. Vieles, was für andere selbstverständlich war, war für mich nicht selbstverständlich. Freundinnen haben beispielsweise oft zu mir gesagt, ich müsse schon sagen, was ich will. Ich wusste aber nicht, was ich will. Ich habe immer automatisch zu allem Ja gesagt, obwohl ich wusste, ich möchte das eigentlich nicht. Und dann habe ich mich auch noch selbst verurteilt, weil ich ja schließlich nichts gesagt habe. Ich konnte einfach nicht formulieren, was ich will oder, dass ich etwas nicht will. In den Momenten war das für mich so: Wenn ich sage, was ich will, dann falle ich aus der Beziehung, dann hat mich niemand mehr lieb, dann bin ich allein. Oder ich habe beobachtet, dass ich nicht wusste, wo Abgrenzungen notwendig sind und ich erst im Nachhinein gemerkt habe, wenn mir etwas zu viel war. In den Situationen selbst war ich so sehr mit dem Anderen beschäftigt, dass ich gar kein Gespür für mich hatte. Ich habe gesehen, dass mir Grundsätzliches sehr schwerfiel und ich mich in vielem von anderen unterschied. Ich bin schon früh in die psychologische Richtung gegangen, um zu verstehen, warum ich in manchen Dingen so bin, wie ich bin.

Als Jugendliche hatte ich zunächst verdrängt, dass ich Missbrauch erlebt habe und dass das womöglich Folgen für mich hatte. Durch das Erlebnis mit der Freundin aus dem Schulbus kamen mir zum ersten Mal wieder Erinnerungen und sie war die erste, mit der ich darüber sprach. Ihr habe ich noch – trotz der allgemeinen Meinung – gut zugeredet, dass Missbrauch und andere schlimme Erlebnisse kein Schicksal sind und dass man nicht zwangsläufig irgendetwas zurückbehält. Ich habe ihr gesagt, dass das bei mir ja auch nicht so sei. Ich habe mich schon gewundert, wo ich das plötzlich hernahm. Danach habe ich es aber gleich wieder weggeschoben. Ich wusste zwar, dass meine Kindheit insgesamt ein Problem ist und dass ich da etwas machen muss. Aber dass der Missbrauch explizit Folgen für mich hatte, ist mir erst richtig bewusst geworden, als ich mit Anfang 20 das erste Mal Mutter geworden bin. Da habe ich wirklich gemerkt, irgendetwas stimmt mit mir nicht. Ich habe dieses Kind sehr geliebt, aber gleichzeitig kam ich mir übergriffig vor. Ich wusste nicht, ob ich meinen kleinen Jungen streicheln oder in den Arm nehmen darf. Ich wusste zwar, dass man Kinder im Arm halten muss, aber ich war völlig verunsichert, was angemessen ist. Ich habe es dann so für mich gelöst, dass ich ihn immer ins Tragetuch gepackt und an meinem Körper getragen habe. Aber ich habe mich nicht getraut, ihn richtig anzufassen. Ich habe gemerkt, mir fehlte ein selbstverständlicher Umgang mit ihm. Ich wusste überhaupt nicht, wo die Grenzen sind. Eine Freundin hatte mir Babymassage gezeigt und ich habe mich gefragt: „Darf ich das? Darf ich den so anfassen?“ – dass ich mich das überhaupt gefragt habe. Ich habe gemerkt, dass ich von mir aus den Körperkontakt vermied. Ich habe ihn zwar durch die Gegend getragen und ihm ein bisschen über die Wange gestreichelt. Aber küssen oder rumschmusen? Das habe ich erst einmal nicht gemacht. Ich hatte ständig Angst, übergriffig zu sein und das wollte ich natürlich nicht. Ich habe gemerkt, ich habe irgendwie einen komischen emotionalen Abstand zu meinem Sohn, obwohl ich ihn so liebte und er das Wichtigste und Beste in meinem bisherigen Leben war. Ich war einerseits sehr eng mit ihm verbunden, aber andererseits war da etwas, das mich komplett verunsicherte. Als Kind kannte ich einen selbstverständlichen Umgang mit Körperlichkeit ja ebenfalls nicht. Neben dem fehlenden emotionalen Umgang, den ich vorher beschrieben habe, gab es früher zu Hause zudem keine körperlichen Zärtlichkeiten. Es gab keine Umarmungen, es gab keine Küsschen, kein Über-den-Kopf-Streicheln. Die einzigen Zärtlichkeiten, die ich erfahren hatte, waren die in den Missbrauchssituationen. Der Missbrauch lässt sich nicht vom ganzen sonstigen Umfeld, den sonstigen Umständen, die zu dem Missbrauch geführt haben, isolieren. Im Umgang mit meinem Kind wurden mir die vollen Konsequenzen erstmals richtig bewusst. Ich wollte nicht, dass mein Sohn mit einer Mutter aufwächst, die einen Schaden hat und ihm womöglich noch schadet. Das hat mich sehr umgetrieben und das war der Grund, warum ich dann zu diesem Zeitpunkt eine Therapie begonnen habe. Im Umgang mit meinen beiden anderen Kindern, die fast zehn Jahre später geboren worden sind, bin ich dann später viel körperlicher, viel emotionaler umgegangen. Es gibt eine ganz andere Selbstverständlichkeit von Körperlichkeit mit ihnen. Die genießen Zärtlichkeiten, Schmusen, Küssen, Sich-Umarmen und Festhalten sehr. Ich auch, das darf sein, das ist normal. Das habe ich erst lernen müssen. Ich habe gelernt, was es an Zärtlichkeiten gibt und ich habe die Abgrenzung zur Sexualität gelernt. Ich vermische das nicht mehr, das ist für mich klar getrennt. Die beiden Jüngeren haben eine besser aufgeräumte, besser aufgestellte Mutter bekommen. Das tut mir bis heute für meinen Sohn leid, auch wenn er trotzdem sicherlich ebenfalls jetzt davon profitieren kann.

Es hat mir sehr geholfen, mit anderen Betroffenen zu reden und mich mit ihnen auszutauschen. Lange habe ich mit mir rumgetragen: Ich bin anders, ich bin nicht richtig. Ich habe mich selbst sehr abgelehnt, mich gehasst und mich für mich selbst geschämt, mich verurteilt. Ich habe mich immer kritisiert und mir für alles die Schuld gegeben. Ich habe nie die anderen in Frage gestellt, nach der Devise: Die anderen haben nie Schuld, wenn, dann habe ich Schuld. Es gab auch Gefühle dazwischen, aber meine Aufmerksamkeit ist immer zur Selbst-Ablehnung und Selbst-Verurteilung gesprungen. Ich hatte das Gefühl, dass mir irgendetwas fehlt, um so „normal“ zu sein wie die anderen und das zu können, was die anderen scheinbar konnten. Im Kontakt mit anderen, die ähnliches erlebt hatten wie ich, habe ich gemerkt, denen geht es teilweise genauso. Die konnten bestätigen, dass ihnen ebenfalls etwas fehlt und dass sie diese Gefühle kannten. Das hat bei mir zu einem Gefühl der Verbundenheit geführt und hat mir Hoffnung gegeben und Zuversicht vermittelt. Ich habe gedacht, wenn die so toll sind und es geschafft haben, dann kann ich es auch schaffen. Schon als Kind hatte ich ganz stark die Hoffnung und den Drang, dass ich es schaffen werde. Dass ich mein Leben anders leben werde und mich nicht unterkriegen lasse. Das hat mich geleitet. Und durch das Zusammentreffen und den

Austausch mit anderen Betroffenen habe ich dann gesehen, dass das tatsächlich möglich ist. Das war natürlich ein langer Prozess und ich erinnere mich an ein Schlüsselerlebnis aus der Schulzeit, das mich in meinem Drang bestärkt hat. Es gab damals einen Menschen, meinen Mathelehrer, der überhaupt erst gesagt hat, dass es Hoffnung gibt. Der gesagt hat, dass, egal wie schlimm eine Situation ist, sie nicht so bleiben muss. Dass egal, wie schlecht es einem geht, es auch anders werden kann. Selbst das wusste ich als Kind ja nicht. Für mich war die Welt so, wie sie gerade war. Ich habe schon gesehen, dass andere anders leben – aber die Idee, dass es auch anders sein könnte, dass ich auch ein anderes Leben leben könnte, die hatte ich erst einmal nicht. Er hat mich nicht persönlich damit angesprochen, aber ich dachte, er spricht mir aus der Seele. Er hat gesagt: „Ich weiß, einigen von euch geht es überhaupt nicht gut, aber eines müsst ihr wissen – es bleibt nicht so. Ihr habt die Chance, alles im Leben zu erreichen, was ihr möchtet." Das war für mich Gold wert. Das war so wichtig, dass das jemand gesagt hat und dass ich das gehört habe. Ab dann war für mich klar, es gibt einen Weg. Das hat mich durch die weitere Zeit, durch die Pubertät getragen. Es hat mich all das, was bis dahin passiert war und dann noch weiter passierte, etwa Mobbing in der Schule, überstehen lassen. Immer wieder gab es Personen in meinem Leben, die oft nur einzelne Sätze gesagt haben. Sätze, die von außen betrachtet, unscheinbar waren, aber die sich von dem, was ich sonst zu hören bekam oder sonst glaubte, unterschieden. Die haben immer wieder wichtige Impulse gesetzt.

Wenn ich im Nachhinein betrachte, wie meine Ausgangssituation war, wie die ersten 15 Jahre meines Lebens und wie die Jahre danach verlaufen sind – ich habe mich im wahrsten Sinne des Wortes aus meinem Umfeld, aus meinem Ursprung herausbewegt und lebe nicht das Leben meiner Eltern. Ich bin in einen anderen Bildungsstand eingestiegen und habe meine Möglichkeiten vertausendfacht. Es ist nicht immer alles rosig und eine gewisse Leichtigkeit und Unbeschwertheit fehlen mir nach wie vor. Aber ich fühle mich komplett anders aufgestellt. Das war viel Arbeit und hat viel Zeit und Energie gekostet, aber ich habe es geschafft. Es hat ja auch mich und mein Leben geformt und ich habe viele Stärken entwickelt. Ich habe einen großen Kampfgeist entwickelt, bin extrem willensstark und in vielen Dingen sehr diszipliniert. Ich bin mutig und traue mich, selbst unangenehme Dinge auszusprechen. Ich kann nicht nur für andere, sondern auch für mich selbst sorgen und tue das tatsächlich. Ich habe ein sehr gutes Gespür für Menschen und bin sehr emphatisch. Ich habe sehr feine Antennen für mein Gegenüber und kann deren Befindlichkeiten sehr leicht erfassen. Das ist oft Fluch und Segen gleichzeitig. Denn, wenn man sehr feinfühlig ist, ist es wichtig, sich abzugrenzen und auf sich zu achten, nicht alles aufzunehmen. Vor allem wenn man, wie ich vorhin beschrieben habe, Schwierigkeiten mit Grenzüberschreitungen und mit der eigenen Abgrenzung hatte. Aber mittlerweile habe ich die Fähigkeiten erlernt, das handhaben zu können. Das ist in meinem Beruf als Psychologin ja ebenfalls unbedingt notwendig.

Meine erlernten Stärken und Fähigkeiten kann ich im beruflichen Umgang mit Kindern und Jugendlichen einsetzen. Ich habe für sie ein gutes Gespür und kann sehr schnell, sehr gut mit ihnen in Kontakt gehen und begreifen, was mit dem Menschen, der vor mir sitzt, los ist. Und ich kann ihre Probleme mit ihnen in eine Sprache bringen und es mit ihnen umformen, ihnen etwas anderes, eine Alternative aufzeigen. Das ist so jetzt natürlich sehr verkürzt ausgedrückt. Aber ich glaube, die Jugendlichen spüren sehr genau, dass ich weiß, wovon ich rede. Entscheidend in der Arbeit mit Menschen ist, dass sie sich ernst genommen fühlen damit, wie es ihnen geht. Und ich nehme sie ernst. Ich habe kein „ja, aber“ oder kein „stell dich nicht so an“ oder ähnliches parat. Ich nehme die Situation und die Jugendlichen so, wie sie gerade sind. Das was ist, was sie fühlen, kann so stehen bleiben. Aber – es gibt auch ein „Und“. Ich rede mit ihnen über das „Und“ und über das „wie kommen wir jetzt da hin?“ Gerade Jugendliche fragen sehr oft: „Glauben Sie, ich habe eine Chance?“, „glauben Sie, ich bin normal?“, „glauben Sie, ich bin gestört?“, „glauben Sie, ich kann ein normales Leben haben?“ Und ich kann authentisch sagen: „Ja!“ Und diese Authentizität spüren sie. Ich muss gar nicht viel sagen. Wenn sie mir ihre Probleme schildern, nicke ich vielleicht an der richtigen Stelle, nehme automatisch eine zustimmende, wissende Körperhaltung ein oder, oder, oder … Ich kann sehen, wie sie sich entspannen.

Ich konnte mich nie wirklich mit der Identität des Opfers verbinden. Ich hatte nie ein Gefühl von Opfersein. Eher so etwas wie „sich ausgeliefert fühlen“. Mich hat ja lange beschäftigt, ob ich Menschen und Situationen ausgeliefert bin. Bestimmen die mich oder kann ich irgendwann selbst über mich bestimmen? Ich war schutzlos und meine Bedürfnisse wurden übergangen. Aber ich bin kein Opfer. Ich meine – was ist ein Opfer? Wo kommt das her? Sich opfern? Sich aufopfern? Einmal Opfer, immer Opfer? Ich bin betroffen. Ich bin Betroffene von Missbrauch, aber auch von Verwahrlosung. Ich habe damit ein ordentliches Rucksäckchen auf meine Schultern geladen bekommen. Aber so, wie viele andere ebenfalls. Ich finde, ich unterscheide mich gar nicht so sehr von anderen Menschen. Ich weiß außerdem aus meinem beruflichen Umfeld, dass ganz viele Menschen mit so einem Rucksack ausgestattet sind. Menschen, die mit einem narzisstischen Elternteil oder in einer sehr leistungsbezogenen Familie aufwachsen sind, Wohlstandsverwahrlosung – es gibt so vieles, was Menschen erleben und was deren Leben genauso beeinflusst. Das wird gesellschaftlich nur anders betrachtet. Wir alle werden durch unsere Kindheit geprägt, weil wir bestimmte Verhaltensweisen verinnerlichen und manche eben nicht. Und im Laufe unseres Lebens müssen wir alle irgendwann schauen, welche Verhaltensweisen nützlich sind und welche nicht. Welche helfen mir weiter, welche behindern mich oder welche fehlen mir. Und dann muss ich gucken, welche ich lasse, welche ich behalte und wie ich die fehlenden erlerne. Die Gefahr beim Missbrauch ist, dass vielen die Heilungs- und Handlungsfähigkeit abgesprochen wird. Dass ihnen suggeriert wird, dass sie nicht handlungsfähig, nicht lebensfähig sind. Und es gibt viele Betroffene, die aus den verschiedensten Gründen, ihr Leben lang wirklich hart mit den Folgen zu kämpfen haben und es tatsächlich nicht schaffen. Aber es gibt gerade auch unter den Betroffenen von Missbrauch ganz viele, die mit viel Energie und meist auch Unterstützung genau das schaffen. Es geht darum, handlungsfähig zu werden. Es geht darum, ein selbstbestimmtes Leben zu führen und sich nicht mehr von anderen bestimmen zu lassen. Denn das ist doch ebenso Missbrauch – wenn nicht auf deine Bedürfnisse geguckt wird, wenn über dich bestimmt wird, egal, wie es dir geht und egal, was du möchtest. Aus diesem Muster muss man rauskommen. Aber das gilt ebenso für andere Menschen, die Schlimmes erlebt haben.

Was ich oft viel schlimmer finde, ist nicht, dass die Leute denken, „aha, du bist ein Opfer“, wenn jemand vom eigenen Missbrauch erzählt. Schlimmer finde ich, dass in den Köpfen dann gleichzeitig stattfindet, „aha, du bist auch ein Täter“. In den Köpfen hält sich die Vorstellung: Wenn man selbst Missbrauch erfahren hat, dann wird man selbst zum Täter und gibt das Erlebte weiter. Es gibt zwar ein psychologisches Modell, das des Täter-Introjekts, das besagt, dass du möglicherweise das Täterbild in dich aufnimmst. Das heißt, verkürzt und brutal gesagt, du siehst und spürst die Geilheit des Täters und nimmst sie auf. Du siehst, was ihn erregt, verinnerlichst es und machst es dir zu eigen. So, wie man bei aggressiven, gewalttätigen Eltern die Aggression und die Gewalt aufnimmt und später selbst gewalttätig wird. Das kann tatsächlich so sein und ist auch zu einem Teil so. Viele geben weiter, was sie selbst erlebt haben. Aber das heißt nicht, dass es eine zwingende Folge ist, dass das so geschieht und dass man dann zudem noch selbst zur Täterin oder zum Täter wird.

Damals im Bus mit der Freundin habe ich erstmals mitbekommen, dass man im Zusammenhang mit Missbrauch einen Stempel aufgedrückt bekommt. Den des Opfers und des Täters. Bei meiner Freundin hat es schon gereicht, dass es ihrer Schwester passiert ist. Es hat gereicht, dass sie aus dem direkten Umfeld kam und dass sie an dem Tag eine Klassenarbeit hätte schreiben sollen. Das hat gereicht, dass man sie nach der Bombendrohung drei Stunden bei der Polizei verhört hat. Ein paar Jahre später, als ich schon offensiver war und offener geredet habe, habe ich einer Freundin, die ebenfalls Erzieherin war, von meinem Missbrauch erzählt. Wir hatten uns allgemein über Missbrauch und die Folgen unterhalten und ich hatte mich dafür eingesetzt, dass Missbrauch nicht bedeuten muss, dass das Leben vorbei und dass man für immer beschädigt sei. Ich habe in dem Gespräch fallen lassen, dass ich ebenfalls Missbrauch erfahren und es überstanden habe. Die Reaktion darauf war sehr schockierend für mich. Die Freundin hat mich angeschaut, als hätte ich Lepra. Sie hat ein paarmal nach Luft geschnappt und dann aus sich herausgepresst, „boah, das würde ich aber nicht so öffentlich sagen, du arbeitest mit Kindern. Nicht, dass noch jemand auf die Idee kommt, du missbrauchst die Kinder“. Das war wie ein Peitschenhieb für mich. Ich war vollkommen perplex. Meine Reaktion war dann: „Ja aber genau deshalb arbeite ich mit Kindern. Ich will sie schützen, ich will dafür sorgen, dass ihnen das nicht passiert.“ Ich bin vorher nie auf die Idee gekommen, dass das jemand drehen könnte. Das war wirklich ein Schock für mich und das hat mich wieder vorsichtiger werden lassen, mit wem ich darüber rede. Ich muss selbst heute als Psychologin aufpassen und das ist ein Grund, warum ich das Interview hier anonym machen möchte. Auch unter Psychologen und Psychologinnen gibt es ganz viele, die der Meinung sind, dass man Missbrauch oder andere schlimme Erlebnisse als Kind nicht selbst erfahren haben darf. Sie sind der Meinung, dass man sonst nicht dazu in der Lage wäre, als Psychologin oder als Psychologe zu arbeiten. Genau diesen Punkt haben wir einmal in der psychologischen Ausbildung diskutiert. Ich habe in der Ausbildung Dozenten erlebt, die meinten, dass sie nicht gerade Fan von eigenen Erlebnissen wären.

Uns wurde deutlich signalisiert, dass das nicht so gut wäre. Die glaubten, dass sie ihre Arbeit gut machen könnten, gerade weil sie solche Dinge nicht erlebt haben. Ich glaube hingegen, dass ich meine Arbeit gut machen kann, gerade weil ich es erlebt habe. Wo ich vollkommen konform gehe mit den anderen, und das ist bei allem so, was du erlebt hast, nicht nur bei Missbrauch, – um diesen Job machen zu können, musst du bestimmte Fähigkeiten erlernen. Missbrauch zeugt ja zum Beispiel davon, dass man Abgrenzungsfähigkeit erst mal nicht hat. Das ist nichts, was dir in die Wiege gelegt wurde. Aber das heißt nicht, dass man das nicht im Laufe des Lebens und in der Ausbildung lernen und anschließend diesen Job machen kann. In der Ausbildung haben eine Kollegin und ich in einer Diskussion vehement dagegen gesprochen, dass so getan wurde, als wären Menschen mit Gewalt- oder Missbrauchserfahrungen total geschädigt. Wir haben uns dann geoutet und gesagt, dass wir selbst so etwas erlebt haben und trotzdem unseren Weg gegangen sind und nun in dieser Ausbildung sitzen. Vielleicht haben wir ein paar Jahre länger gebraucht, um da hinzukommen. Vielleicht haben wir etwas länger gebraucht, um bestimmte Dinge zu lernen, weil für uns das Leben einen komplizierteren Weg mit sich gebracht hat. Aber das heißt nicht, das ist ein unmöglicher oder der schlechtere Weg. Es ist ein anderer Weg. Auf krummen Wegen, auf Umwegen kann man ganz viel zusätzlich lernen. Man sammelt ganz viel Lebenserfahrung und ich glaube sogar, so etwas wie Lebensweisheit.

Als ich mich mit dem psychologischen Modell des Täter-Introjekts, der Täter-Verinnerlichung, auseinandergesetzt habe, habe ich auf der anderen Seite bemerkt, dass das bei mir teilweise auch zutrifft. Das war ein ganz schmerzhafter Prozess für mich, mir einzugestehen, dass es Anteile in mir gibt, die mich wie Täter fühlen lassen. Ich hatte zum Beispiel Bilder von meinen Kindern in Gewalt- oder Missbrauchssituationen vor Augen. Ich hatte Bilder vor Augen, wie ihnen das passierte. Anfangs, als ich noch nichts von diesem Modell wusste, hatte ich große Angst und habe entsetzt aufgeschrien, wenn ich solche Bilder gesehen habe. Ich dachte, das bin ich. Später habe ich aber gemerkt und gelernt, das ist nicht so. Das sind Täterbilder. Ich habe gesehen und gefühlt, was Täter fühlen. Ein anderes Beispiel: Wenn ich gesehen habe, dass jemand völlig hilflos ist, dann kam immer die Angst auf, dass ihm etwas passiert. Da spielte das Täterbild ebenfalls eine Rolle. Das Erleben und Handeln von Tätern, die genau solche hilflosen, ausgelieferten Situationen bei mir damals ausgenutzt haben. Ich hatte die Gefühle und Bilder von Tätern wie eine Blaupause aus meinen eigenen Erlebnissen in mich aufgenommen. Anfangs hatte ich tatsächlich Angst davor, irgendwann zur Täterin zu werden. Aber ich hätte meinen Kindern niemals etwas angetan. Und heute noch würde ich alles dafür tun, niemals so zu werden und so zu handeln. Wenn jemand sagt, du hast den Täter in dir, kann ich sagen: „Ja, das ist so, aber das ist nur ein kleiner Teil. Ich habe nämlich zudem ganz viel Willen und Entscheidungsfreiheit und ganz viel Schmerz in mir, der mich davon abhält, genau das zu tun." Das Täterbild in sich zu haben, heißt nicht automatisch, dass man zum Täter wird. Das ist kein Gen, nichts Angeborenes, das ist eine erlernte Sache. Und wenn ich etwas erlernt habe, dann kann ich es ebenso wieder verlernen und dem stattdessen etwas anderes entgegensetzen. Ich habe Handlungsmöglichkeiten, ich bin nicht meinem Inneren ausgeliefert. In der Ausbildung war das ganz wichtig für mich, zu sehen, dass es dieses Introjekt gibt. Dass ich das benennen, dem einen Namen geben konnte, was da manchmal mit mir passierte. Zu lernen, dass es dafür eine Erklärung, ein psychologisches Modell gibt, war sehr erleichternd. Und trotzdem – obwohl ich mir zu 100 Prozent sicher bin, dass ich nie so werde, die Angst davor, so sein zu können, die geht nicht weg.

Ein anderes harmloseres Beispiel, warum ich mich in meinem Job nicht oute: Wenn ich heute mal einen schlechten Tag habe, habe ich einen schlechten Tag. Wenn es mir mal nicht gut geht, geht es mir eben mal nicht gut. Wenn meine Kollegen und Kolleginnen wüssten, was ich als Kind erlebt habe, würde ein schlechter Tag vor diesem Hintergrund betrachtet und bewertet werden. Wenn ich mir zu viel Arbeit aufhalse, was immer mal wieder fast jedem passiert, würde kommen: „Ah ja, mangelnde Abgrenzungsfähigkeit. Du musst dich mehr abgrenzen und auch mal Nein sagen." Die Kollegen sagen das so manchmal trotzdem, aber es ist offen und nicht: „Ach ja, deshalb ..." Ich werde, ohne dass sie von meinem Missbrauch wissen, wie ein normaler Mensch betrachtet und nicht in dieses Opferbild einsortiert.

In meinem Freundeskreis gehe ich sehr offen mit dem Thema Missbrauch um. Ich will mich nicht verstecken. Aber ich will mich ebenso wenig ausliefern und deshalb muss ich in manchen Situationen schauen, ob und wie ich über den Missbrauch spreche. Aber die Leute, die mit mir befreundet sind, müssen es ertragen und aushalten, dass das ein Teil von meinem Leben ist. Es ist ein wichtiger Teil von meinem Leben. Wenn man mich näher und intensiver kennt, kann ich den Missbrauch nicht ausklammern. Die Freundinnen, die mich schon länger begleiten, wissen alle darum. Ich finde, es ist außerdem sehr wichtig, darüber zu reden, sich mitzuteilen, in verschiedene Diskussionen zu gehen, damit sich der gesellschaftliche Umgang damit auch mal verändert. Aber auf meine Familie bezogen, habe ich mich letztlich dagegen entschieden. In meinen eigenen Therapien habe ich oft darüber geredet und abgewägt, ob ich das Thema in meiner Familie aufmache und mit ihr darüber rede. Ich stand oft davor und habe gedacht, dass ich eigentlich diesen Schritt tun müsste. Aber ich habe es bis heute nicht getan und nach wie vor fehlt mir die Vorstellung, es zu tun. Es gibt Therapeuten, die sagen, dass genau das der wichtige Punkt bei der Bewältigung sei. Ich sage „Jein". Einerseits, ja, das ist ein Punkt. Aber mir ist es wichtiger über diese Möglichkeit zu reden und mir bewusst zu sein, dass es sie gibt. Ich habe in verschiedenen therapeutischen Kontexten und Settings betrachtet, was wäre, wenn ich es täte. Ich habe es durchgespielt, habe Briefe geschrieben, die ich nicht abgeschickt habe, Dialoge geführt und Familienaufstellungen gemacht und einiges mehr. Ich bin es von vielen verschiedenen Seiten angegangen. Das hat schon viel für mich verändert und ich habe ein Gefühl dafür bekommen, wie es laufen würde. Ich habe ein Gefühl dafür bekommen, was es für einen Unterschied machen würde. Und ich habe ein Gefühl dafür bekommen, was es bedeutet, dass ich, indem ich es nicht ausspreche, die Schuld und die Scham immer noch trage und sie nicht dahin zurückgebe, wo sie hingehört, nämlich in die Familie. Aber es hat zugleich eine Leichtigkeit reingebracht und mich entlastet und mir schon so sehr geholfen, dass ich das Gefühl habe, ich muss das im realen Leben nicht machen. Mir ist bewusst geworden, dass das, was in letzter Konsequenz dabei herauskommen würde, ein zu großer Verlust für mich wäre. Es würde bedeuten, ich müsste mit meiner Familie brechen. Aber dafür liebe ich sie einfach viel zu sehr. Das ist einfach so. Es hilft mir, zu verstehen, warum es zu all dem gekommen ist. Ich kann den Mitgliedern meiner Familie verzeihen, auch wenn es noch so scheiße war. Ich weiß, dass es keiner von ihnen absichtlich gemacht und böse gemeint hat. Es hat sich aus den Umständen ergeben. Ich habe auch die Lebensgeschichten meiner Eltern reflektiert. Ich weiß, sie haben es nie gelernt, andere Eltern zu sein. Das entschuldigt nichts, aber mir ermöglicht das ein Verzeihen. Sie würden außerdem gar nicht verstehen, was ich von ihnen möchte und es wäre für sie ein riesiger Verrat. Erst mal würden sie wahrscheinlich sowieso sagen, das stimme alles nicht, wie ich so etwas behaupten könne, so was komme bei uns nicht vor. Sie würden sagen, ich will sie alle nur schlecht machen und ruinieren. Das würde eine so große Welle auslösen, dass ich mir denke, für die zwei Wochen im Jahr, in denen ich mit ihnen zusammen bin, spiele ich einfach mit und danach gehe ich wieder in mein Leben. Wenn ich über einen längeren Zeitraum da bin, merke ich schon, dass die alten Muster wieder aufkommen und ich mir Verantwortung auf die Schultern lade, die nicht mir gehört. Wichtig ist hierbei aber auch, dass ich nicht mehr in ihrer Nähe lebe. Ich bin weggegangen, sie sind nicht in meinem Alltag und die Situation beeinflusst mein Leben nicht. Ich habe die bewusste Entscheidung getroffen, meine Familie nicht zu konfrontieren. Ihr Verlust wäre mir das einfach nicht wert und das respektiere ich mittlerweile. Das Gute ist für mich, dass ich sehe, dass ich einen Weg des Umgangs damit gefunden habe. Und vor allem, dass ich im wahrsten Sinne des Wortes sagen kann, ich habe mich aus diesem Familiensystem herausbewegt. Ich habe mich weit entfernt und lebe heute mein eigenes Leben.

Für mich werden Liebesbeziehungen immer schwierig bleiben. Ich weiß schon, was Liebe ist und ich kann lieben. Aber ich kann in Stresssituationen meine Gefühle genauso gut vollkommen einfrieren und ein Eisblock sein. Und das bekommen dann die mir liebsten Menschen um mich herum ab. In anderen Momenten, wenn zu viele Menschen zu viel von mir wollen, fange ich erst an, mich emotional abzukapseln und dann werde ich impulsiv und schreie plötzlich los. Und das Männerbild, mit dem ich groß geworden bin – Männer auf der oberen Hierarchiestufe –, das hat natürlich meine Männerwahl beeinflusst. Die Position, auf die ich mich selbst hingestellt habe, wie wenig ernst ich mich selbst genommen habe und auf der anderen Seite, wie ernst ich die Männer genommen habe, das war nicht im Gleichgewicht und hat lange zu einer Wahl von bestimmten Männern geführt. Ich hatte nicht unbedingt das glücklichste Händchen dabei. Aber heute sehe ich außerdem, dass ich, wenn ich trotzdem mal an gute Männer geraten bin, sie mit Füßen getreten und sie nicht ernst genommen habe. Ich habe sie nicht ernst genommen, weil ich nicht geglaubt habe, dass sie mich wirklich lieben. Ich habe es als Schwäche gesehen, dass sie Gefühle zeigen und mich gut finden. Auch da kam dann das Muster des Einfrierens auf, ich konnte sie wirklich verletzen. Die guten Männer habe ich nicht gehalten, sie habe ich von mir weggestoßen. Wenn ein Mann hingegen schlecht zu mir war, hat das meinen Kampfgeist geweckt. Ich wollte diese Art von Mann dann unbedingt haben und vom Gegenteil überzeugen.

Oft sagt man ja, dass Menschen mit Missbrauchserfahrungen, Schwierigkeiten mit ihrer Sexualität haben. Ich habe immer gedacht, dass das bei mir nicht so ist. Ich dachte immer, dass ich doch eine befriedigende Sexualität habe. Ich hatte Lust auf Sex und ich konnte ihn genießen. Erst mit den Jahren, jetzt da ich älter geworden bin und die therapeutische Ausbildung habe, habe ich angefangen, das anders zu betrachten. Ja, ich habe meine Sexualität sehr gelebt und gesteuert, aber sie war tatsächlich auch entfesselt. Ich habe viele unterschiedliche Sexualpartner gehabt, immer frei gewählt. Aber ich habe ebenfalls weiter Missbrauchssituationen erlebt und ich habe sehr viel sexualisiert. Meine ersten Beziehungen zu Männern waren auf einer rein sexuellen Basis. Ich habe Liebe, Zärtlichkeit und Sexualität viele Jahre lang gleichgesetzt. Ich habe immer nach Männern gesucht und bin schnell mit ihnen im Bett gelandet. Aber das, was ich eigentlich haben wollte, war eine schützende Hand. Jemanden, der mich umarmt und mich lieb hat. Als ich angefangen habe, mir Sexualpartner oder überhaupt Partner zu suchen, war ein ganz großer Drang da, mit ihnen Sex zu haben. Ich dachte, die mögen mich, die wollen mich. Darauf bin ich angesprungen. Das war ja auch das Verlockende, was meine Brüder mit mir als Kind gemacht haben. Es ging um meinen Selbstwert, den ich eigentlich gerne mit Inhalt gefüllt hätte. Das war mir nie klar. In meiner therapeutischen Ausbildung gab es dann einen Analytiker, der sagte, dass viele, die Missbrauch erleben, zur Prostituierten werden. Die Sexualität sei bei ihnen viel zu früh entfacht worden und gleichzeitig hätten sie keine Schutzmaßnahmen gelernt. Die Sexualität sei viel zu früh auf die Schiene gebracht, der Tiger viel zu früh losgelassen worden und könne nicht mehr eingefangen werden. Ich mag den Mann nicht, der das gesagt hat und auch nicht, wie er das so rausgerotzt hat. Aber das hat mich getroffen und sehr berührt. Im Nachhinein wird mir manchmal schlecht, wenn ich darüber nachdenke, wie viele Sexualpartner ich hatte. Und wenn mir klar wird, wie viel Glück ich dabei hatte. Ich habe mich ganz schön oft in Gefahren begeben und mich Situationen ausgeliefert, wo ich heute sagen muss: „Boah, Schwein gehabt." Ich hatte keine Ahnung, wie man sich selbst schützt und habe mir überhaupt keine Gedanken darüber gemacht. Das hätte alles in eine ganz andere Richtung gehen können. Mir ist klar geworden, dass meine Sexualität doch nicht ganz so normal war.

In meiner Arbeit heute finde ich es sehr wichtig, jungen Menschen, die Grenzerfahrungen gemacht haben, schnell ein Verständnis und Bewusstsein von Schutz und Selbstschutz zu vermitteln, bevor sie in die Sexualität starten. Je früher das passiert, umso besser.

Mir ist wichtig, dass die Gesellschaft über Missbrauch ins Gespräch kommt und dass das Tabuisierte aufgebrochen wird. Das Nicht-Ausgesprochene sorgt dafür, dass Meinungen gebildet werden wie: Sexueller Missbrauch bedeutet, für immer beschädigt zu sein. Oder: Du wirst selbst zum Täter. Es gibt nichts dazwischen. Entweder du bleibst für immer das Opfer, hast ein armes Leben und eingeschränkte Möglichkeiten oder, du bist Täter und schadest anderen. Aber dem ist nicht so. Es gibt noch ganz viel dazwischen. Es gibt ein sowohl als auch. Gerade wird ja scheinbar ständig über sexuellen Missbrauch geredet. Aber es wird nicht darüber geredet, es wird darüber berichtet. Und wenn zum Beispiel Betroffene über den Missbrauch in der Kirche berichten, dann wird es in den Medien einseitig ausgeschlachtet. Die Journalisten stürzen sich fast ausschließlich auf das Leid und das Leiden der Betroffenen. Und ja – natürlich gibt es ein Leid. Missbrauch hat Folgen und es hat mein ganzes Leben beeinträchtigt. Es hat mein Leben in eine bestimmte Richtung verlaufen lassen, es hat langer, intensiver Auseinandersetzungen bedurft und wer weiß, was sonst noch aus mir geworden wäre. Aber ich bin deswegen nicht nur Leidende und habe ein leidendes Leben. Ich finde diese einseitige Betrachtungsweise furchtbar. Die zementiert das Leiden oft zusätzlich. Aber natürlich darf man gleichzeitig nicht den Fehler machen und sagen, „weil ich heute nicht leide, dann war alles wohl nicht so schlimm". Wenn man auf die Täter guckt, sieht es so aus, als würde man mit der Aussage, „ich habe kein leidvolles Leben", die Täter entlasten. Aber das meine ich damit nicht! Ich will die Täter damit nicht entschuldigen und die Taten nicht verharmlosen. Es gibt hier nichts zu beschönigen, sexueller Missbrauch ist eine Straftat, die verfolgt gehört. Aber es sieht so aus, als müsste man das Leid der Betroffenen in den Fokus rücken, um die Gesellschaft oder wen auch immer darauf hinzuweisen, dass es schlimm war. Das Leid der Betroffenen wird benutzt, um auf die schlimme Tat der Täter hinzuweisen. Es braucht jedoch dieses Leid nicht als Beweis. Dies gehört entkoppelt. Die Tat ist schlimm, unabhängig davon, wie es den Betroffenen geht. Manche schaffen es, viele sind daran zugrunde gegangen. Aber ich muss nicht das Leid der Betroffenen als Grund und Beweis nutzen, um darauf hinzuweisen, dass das, was die

Täter gemacht haben, falsch ist. Die Täter sind übergriffig, sie sind kriminell. Sie benutzen und missbrauchen Kinder. Straftat ist Straftat, egal wie es den Opfern geht.

Wenn ich schaue, was mir geholfen hat, so gibt es da verschiedene Dinge. Religiöse Werte zum Beispiel. Mein familiäres Umfeld war sehr durch die katholische Kirche geprägt und das hat in meinem Fall den Missbrauch mit begünstigt. Allerdings gibt es ebenso einen Teil der Kirche, der mich durch die Kindheit getragen hat. Ich bin mit einem Gottesglauben groß geworden, wenn auch dieser Gott mir als strafender Gott vermittelt wurde. Diesen strafenden Gott habe ich schon als Kind angezweifelt und hier war es wieder eine Lehrerin, die mich, ohne dass sie es wusste, darin bestärkt hat. Sie hat beispielsweise gesagt, dass in der Bibel steht, „lasset die Kinder zu mir kommen" oder „wer ohne Schuld ist, werfe den ersten Stein". Sie meinte, ein strafender, böser Gott und solche Sätze passen nicht zusammen. Das hat mich sehr beschäftigt. Ich habe die Kinderbibel rauf und runter gelesen und habe da ganz viele Stellen gefunden, die mir sagten, dass Gott nicht so böse sein kann, da er eigentlich will, dass es uns gut geht. Ich konnte auf meine Eltern nicht vertrauen, aber ich habe Gott vertraut. Ich habe darauf vertraut, dass es da jemanden gibt, der will, dass es mir gut geht. Ich dachte, ich bin Gottes Kind und er liebt mich, ob Mädchen oder nicht. Ja, er hat mir vielleicht Bürden auferlegt und ich habe es nicht so leicht. Aber er hat es getan, weil er glaubt, dass ich das schaffe. Ich glaube, diese Gottesliebe hat mir geholfen. Und zudem die Idee, wenn wir ein bisschen mehr Rücksicht aufeinander nehmen, wenn wir uns gegenseitig helfen und unterstützen und uns nicht ständig fertig machen, dann haben wir es alle miteinander besser. Das ist doch eigentlich die Idee, die Gott, die Jesus uns vermittelt. Das war für mich einleuchtend. Oder auch der Satz: „Liebe deinen Nächsten wie dich selbst". Der wird von der Kirche ja meist in eine andere Richtung gedreht, eher im Sinne von Selbstaufopferung. Aber Nächstenliebe setzt Selbstliebe voraus. Dieser Satz sagt doch, zunächst nimmst du dich mal selbst wichtig. Du darfst dich selbst lieben, du darfst dich wertschätzen. Ich bin mit Sätzen groß geworden wie: „Nimm dich selbst nicht so wichtig", „Eigenlob stinkt". Meine Eltern waren fast fanatisch religiös. Sie haben das, was die katholische Kirche oder die Priester gepredigt haben, einfach hingenommen und nicht hinterfragt. Sätze, wie „wenn dir jemand eine Ohrfeige gibt, dann halte auch die andere Wange hin", waren für sie Gebot. Sie haben Gehorsam verlangt, was ich ja auch gelebt habe. Aber ich hatte gleichzeitig Zweifel und habe mich auf die anderen Facetten gestürzt. Die haben mich weitergetragen.

Was hat mir noch geholfen? Immer wieder Menschen, die Zuversicht und Hoffnung vermittelt haben. Und Menschen, die Schlimmes erlebt und es geschafft haben, ihre schlimmen Erlebnisse zu überwinden. Egal, ob ich sie persönlich kannte oder von ihnen gelesen habe. Ich lese heute noch gerne Biografien. Ich brauche schon immer wieder die Bestätigung, dass es geht. Es stimmt – Glaube versetzt Berge. Aber für mich ist es leichter daran zu glauben, wenn der Glaube mit Geschichten gefüllt ist, mit Inhalt, wenn ich es bei realen Menschen mitbekomme. Das Schwierige ist ja gerade, den Glauben an das Gute immer aufrechtzuerhalten, besonders wenn man gerade am Boden ist. Diese Phasen gibt es einfach. Und dann ist es wichtig zu sehen, es gibt auch eine andere Seite. Und ich habe die Wahl, mich für eine Seite zu entscheiden. Und Gedanken, wie „ich habe ein Recht auf ein gutes Leben, ich darf das haben, ich bin es wert“, die haben mir ebenfalls geholfen. Oder, „die Menschenwürde ist unantastbar“ – nicht ich bin verkehrt, sondern was ihr mit mir macht, ist verkehrt. Da steckt Stärke drin, da spüre ich auch Stärke und kann sie für mich in Anspruch nehmen.

Wichtig ist, dass man handlungsfähig und aktiv bleibt und sich selbst wichtig genug nimmt, das zu tun. Aktiv für mich und mein Leben zu kämpfen und zu handeln, dass musste ich erst einmal lernen. Und mir fällt es immer wieder mal schwer, dauerhaft dabei zu bleiben. Für jeden Menschen, der Missbrauch erfahren hat, gilt: Handeln ist besser als nichts tun. Handlungsfähig zu werden, heißt, ein Gefühl für sich zu entwickeln, zu erfahren, zu festigen, dass ich mein Leben selbstbestimmt gestalten kann und nicht die anderen mein Leben bestimmen. Missbrauch löst oft eine Lähmung und Ohnmachtsgefühle aus. Aber jeder und jede kann selbstwirksam sein. Jede muss für sich schauen, wie sie es erreicht, dass sie ihr Leben gestalten und selbst bestimmen kann. Wenn du Hilfe brauchst, hol dir Hilfe. Wenn du etwas zu erledigen hast, dann erledige es. Erledige es sofort. Tätige den Anruf, räume weg, was rumliegt, lass sich die Dinge nicht ansammeln. Mach, was du machen kannst, um ins Handeln zu kommen. Und wenn das nur eine Kleinigkeit ist, die du jetzt gerade schaffst. Und immer wieder, hol dir Hilfe! Und verzeih dir aber auch, wenn es nicht gleich geht. Aber man muss es immer wieder versuchen, es immer wieder üben, bis es irgendwann leichter geht. Erlaube nicht, dass du schlecht mit dir umgehst, erlaube nicht, dass die anderen weiter über dich bestimmen und du die alten Muster weiterlebst. Bei mir ist es zum Beispiel so – je wichtiger ein Anruf ist, umso länger schiebe ich ihn auf und bleibe in der Reglosigkeit. Aus Angst, dass etwas anderes dabei herauskommt, als ich möchte, handle ich gar nicht. Aber damit schade ich nur mir selbst und erhöhe die Chance, dass ich auf keinen Fall bekomme, was ich möchte. Muster sind schwer zu durchbrechen und es geht nur durch Übung. Üben, üben, üben und wohlwollend und selbstlobend auf sich gucken. Vielleicht darüber hinaus Tagebücher führen und aufschreiben, was ich heute geschafft habe, was mir gelungen ist – da hinschauen. Wir sind sehr stark darauf geprägt, auf die Defizite zu gucken, auf das, was nicht stimmt, auf die Gefahren. Wir gucken viel zu wenig darauf, was stimmt, was gut läuft, was ich eigentlich hinkriege, was ich genießen darf. Beim Aufschreiben der gelingenden Dinge zählt alles – dass ich heute aufgestanden bin, dass ich den Brief weggeschickt oder den Zahnarztbesuch geschafft habe. Dass ich heute die Frau angelächelt habe oder sie mich. Das muss alles auf die Liste. Das muss man bewusst machen, um dem ganzen Negativen etwas entgegensetzen zu können.

Zum Schluss

Wie ich bereits in der Einleitung geschrieben habe, war mir schon bei der Planung des Buches klar, dass ich nicht die Einzige bin, die sich mit der Zuschreibung der typischen Opferrolle nicht abfinden konnte und wollte. Und letztlich war das einer der Gründe, warum ich die Umsetzung schließlich angegangen bin. Als ich mich dann nach möglichen Interviewpartner*innen umhörte und schnell auch welche fand, war mir aber natürlich nicht klar, welche der von mir angedachten Themen tatsächlich zur Sprache kommen würden. Ich hatte allenfalls gehofft, dass möglichst viele Aspekte aufgezeigt werden, auch die, die mir wichtig sind. Die nun hier abgebildete Bandbreite überraschte mich dann doch. Einiges hat sich mir bestätigt, einiges hat mir eine neue Sichtweise vermittelt und meinen Horizont erweitert. Und einiges hat mich zugleich herausgefordert und letztlich kann ich nicht bei allen Aussagen mitgehen. Muss ich auch nicht. Es sind nicht meine Erfahrungen, nicht meine Prozesse und nicht meine Schlussfolgerungen. Ich habe keine Beiträge und Meinungen inhaltlich verändert oder weggelassen. Lediglich ein paar der biografischen Daten und Namen habe ich auf Wunsch der Interviewten ausgetauscht. Die Interviewpartner*innen konnten natürlich selbst entscheiden, ob sie anonym teilnehmen oder nicht und einige erläutern in ihren Texten ihre Gründe dafür oder dagegen.

Ich hätte gerne ein paar mehr Männer interviewt, damit die vielen Männer, die von sexuellem Missbrauch betroffen sind, sich hier ebenfalls wiederfinden können. Nach aktuellen Schätzungen sind Jungen in etwa genauso oft von Missbrauch betroffen wie Mädchen. Die wenigen Männer, von denen ich wusste, dass sie Missbrauch erfahren haben oder die über andere angefragt wurden, sich an dem Buch zu beteiligen, lehnten aus verschiedenen Gründen ab. Ich hoffe dennoch, dass die männlichen Leser einiges für sich mitnehmen können.

Als ich zum Abschluss dann noch mal einen Blick auf mein Buchexposé und „meine“ Fragen geworfen habe, habe ich festgestellt, dass es mir wichtig ist, zwei Aspekte explizit aufzugreifen und ich möchte hier kurz darauf eingehen.

Eines der Dinge, die mir in meinem Bewältigungsprozess schon früh geholfen haben, war das Schreiben. Mit etwa 13, 14 Jahren fing ich an, mich meinem Tagebuch anzuvertrauen. Das tat ich in dem Alter natürlich noch nicht bewusst mit der Vorgabe einer „Bewältigungsstrategie". Es war einfach etwas, das ich mehr oder weniger zufällig anfing und das für mich irgendwie funktionierte. Es erleichterte mich, Erlebnisse, Gefühle und Gedanken, die mich belasteten und für die es zu Hause keinen Raum gab, aufzuschreiben. Mit dem Tagebuch hatte ich ein Gegenüber, einen Zeugen, einen Vertrauten. Es mag pathetisch klingen, aber ich glaube wirklich, dass das Aufschreiben meiner Innenwelt damals meine Seele gerettet hat. Obwohl die belastenden Beweggründe heute nicht mehr im Vordergrund stehen, bin ich bis heute dabeigeblieben und bin wohl auch nicht zufällig in einem schreibenden Beruf gelandet. Schreiben und Sprache sind mir wichtig. Als ich das Buch plante, war für mich deshalb klar, dass ich unbedingt ein Kapitel über Sprache im Zusammenhang mit sexuellem Missbrauch verfassen und auf jeden Fall erklären wollte, warum der Begriff „Missbrauch" so überhaupt nicht geht und warum für ihn eine Alternative gefunden werden muss. Ich folgte der Auffassung, dass sich „Missbrauch" von „Gebrauch" ableitet und es damit ausschließlich die Assoziation „richtiger oder falscher Gebrauch eines Gegenstandes" gibt. Im Laufe der Interviews habe ich mich eines Besseren belehren lassen. Es gibt viel mehr Assoziationen und Deutungsmöglichkeiten und auch ich als Betroffene habe nicht die Deutungshoheit über bestimmte Begriffe und den Umgang mit Sprache.

Dennoch möchte ich zumindest anreißen, warum ich es für absolut notwendig halte, sprachsensibel zu sein und hinzuschauen, welche Begrifflichkeiten wir im Zusammenhang mit sexuellem Missbrauch benutzen und welche Folgen das haben kann. Derzeit wird vor allem viel über geschlechtergerechte Sprache debattiert und darüber gestritten, ob sie richtig und wichtig ist. Viele meinen, dass sei alles Quatsch, übertrieben, viel zu umständlich und überhaupt gäbe es doch viel Wichtigeres, um das man sich heute zu kümmern hätte. Was dabei meist übersehen wird: Sprache spiegelt Wirklichkeit und umgekehrt schafft Sprache Wirklichkeit. Sprache ermöglicht, sich auszudrücken, sich mitzuteilen, mit anderen in Kontakt zu kommen und einen Konsens über grundlegende Dinge zu schaffen. Sie beeinflusst, beflügelt, schmeichelt, verführt, erhöht, erniedrigt, verletzt, grenzt aus und kann verharmlosen und vertuschen. Sprache hat Einfluss darauf, wie wir Gewalt, hier sexuelle Gewalt, sexuellen Missbrauch wahrnehmen, wie darüber berichtet wird, wie wir mit Gewaltbetroffenen umgehen. Und sie hat in letzter Konsequenz auch Einfluss auf die Strafverfolgung der Täter*innen. Prägnant dargestellt habe ich dies das erste Mal 2008 in dem Buch, „Der verlorene Kampf um die Wörter" der inzwischen verstorbenen Psychologin und Autorin Monika Gerstendörfer, gelesen: „Wie soll man die unterschiedlichen Formen der Gewalt bekämpfen, wenn man die Dinge nicht beim Namen nennt? Von verantwortlichen Politikern, die von ‚Schmuddelecken im Internet' sprechen, wo in Wirklichkeit unvorstellbar grausame Bilder und Videos von Kindesmisshandlungen getauscht und angeboten werden, kann wohl kaum erwartet werden, dass sie etwas gegen derart eklatante Menschenrechtsverletzungen unternehmen. Und von all jenen, die nicken und die Umschreibung ‚Schmuddelecken' unreflektiert akzeptieren, ebenfalls nicht. Wenn also schon die sprachliche Umschreibung deutlich zeigt, dass das Phänomen überhaupt nicht erfasst und verstanden wurde, wie soll man dann jemals Lösungsmöglichkeiten finden? Sprache ist untrennbar mit unseren Einstellungen verknüpft. Und unsere Einstellungen beeinflussen wiederum unser Verhalten. Das wird allzu leicht vergessen. *Wer spricht verhält sich.* Das gilt für jeden einzelnen aber besonders für die Medien."[3] Gerstendörfer schlägt unter anderem vor, die Täter*innen und die Taten beim Namen zu nennen und aufzuzeigen, was mit den Opfern tatsächlich geschieht. „Kinderpornos" sollten „Kinderfolterdokumentationen" heißen, ein „Sextourist" ist aus Sicht des betroffenen Kindes (und natürlich auch aus der Sicht der zumeist betroffenen Frauen) eben kein harmloser Tourist, sondern ein Pädokrimineller und „Kinderprostitution" ist fortgesetzte sexualisierte Misshandlung. Ein Mensch, der Kinder misshandelt, ist auch kein „Sugar-Daddy", „Sex-Onkel" und erst recht nicht pädophil. Solche Männer und Frauen sind nicht „süß" und sie lieben Kinder nicht und das, was Täter*innen Kindern und Jugendlichen antun, hat nichts mit Sex zu tun. Jede sprachliche Verbindung von Sex und Missbrauchshandlungen sollte eigentlich selbstverständlich tabu sein. Gerstendörfer hierzu: „Sexualisierte Gewalt hat mit Sexualität nichts zu tun! Die Tatsache, dass der Täter die beiden Kategorien ‚Sexualität' und ‚Gewalt' aneinanderkoppelt, bedeutet nicht, dass sie auch zusammengehören." Und weiter: „Taten und Opfer dürfen nicht sexualisiert werden. Denn: Die Sexualisierung von Gewalt führt immer zu

3 „Der verlorene Kampf um die Wörter", Monika Gerstendörfer, Junfermann Verlag 2007

einer Bagatellisierung, die Bagatellisierung führt nicht selten zu einer Entkriminalisierung. Zu einer Entkriminalisierung der Gewalttaten und der Gewalttäter*innen!“ Abgesehen davon ist es unumstritten, dass es zwischen Kindern und Erwachsenen keine „einvernehmlichen, gleichberechtigten“ sexuellen Handlungen geben kann. Nicht umsonst sind sie verboten.

Um noch ein persönliches Beispiel zum Begriff „Kinderschänder“ anzuführen, auf den Gerstendörfer ebenfalls in ihrem Buch eingeht. Auch ich zucke immer wieder zusammen, wenn ich in der Berichterstattung von „Kinderschänder“ höre oder lese. „Bin ich eine Geschändete, kaputt und zerstört, wie bei einer ‚Grabschändung‘?“ Eine meiner Cousinen teilte meine Sichtweise nicht, als ich versuchte, ihr zu erklären, was dieser Begriff in mir auslöst. Sie meinte, man könne es doch auch so sehen: „Es ist eine Schande, was dem Kind angetan wird.“ Könnte man so verstehen und das wäre zumindest schon mal ein Schritt in die richtige Richtung. Ich denke aber, meist wird es eben nicht so gesehen. Die Assoziation von kaputt und zerstört bleibt eher zurück. Und hier wird ebenfalls wieder nicht benannt, wer die Täter*innen sind, was sie tun und was mit den Opfern solcher Straftaten geschieht. Mehr noch – die Schande, die eigentlich zu den Täter*innen gehört, geht auf das Kind über. Verharmlosende, verschleiernde, täterfreundliche und opferfeindliche Sprache verletzt mich, immer und immer wieder. Für einen auch sprachlich sensibleren Umgang mit Gewaltbetroffenen und für einen genaueren, letztlich hoffentlich eher präventiven statt verharmlosenden journalistischen Umgang mit dem Thema sexuelle Gewalt, sexuellen Missbrauch kann ich Gerstendörfers „Plädoyer für eine angemessenere Sprachführung“ hier nur empfehlen. Es gibt noch so viel mehr sprachliche Schwierigkeiten und Herausforderungen, die in den Blick genommen werden sollten. Das ist für mich nicht übertrieben, ist kein Quatsch, und wie kann es nicht wichtig sein?

Der zweite mir noch wichtige Aspekt: Immer wieder nach dem „Warum?“ zu fragen und mich nicht „mit den Dingen abzufinden, wie sie nun mal sind“, gehört für mich zu den Bewältigungsstrategien, die auch die Gesellschaft zu leisten hat. Es leuchtet mir nicht ein, dass wir viel Kraft und Energie in die Bewältigung, in die Symptombehandlung stecken, aber nicht genauso intensiv nach den Ursachen bei den Täter*innen suchen und hier bei der Bekämpfung ansetzen. Zwei der großen und entscheidenden, noch nicht hinreichend angeschauten Fragen beim Thema sexueller Missbrauch sind für mich: Warum kommt er so oft vor und wie kann man dem entgegenwirken? Natürlich gibt es dazu viele Theorien, die ich hier nicht alle aufzählen kann. Die schon genannten Machtgefälle im engen vertraulichen Umgang mit Kindern und eigene Missbrauchserfahrungen als Kind gehören zu den Erklärungsansätzen. Aber die reichen nicht aus. Nicht jede*r nutzt Macht aus und wird im intimen, engeren Kontakt mit Kindern und Jugendlichen übergriffig, gewalttätig. Und nicht jede*r, die*der selbst Missbrauch erlebt hat, wird später zum Täter, zur Täterin. Eine weitere Antwort, die ich mir seit einiger Zeit selbst dazu gebe, habe ich zufällig vor ein paar Tagen in einem Buch, das ich zu einem eigentlich ganz anderen Thema gelesen habe, wiedergefunden. Der Kinder- und Jugendlichen-Psychoanalytiker Hans Hopf schreibt in seinem Buch „Flüchtlingskinder gestern und heute“[4] unter anderem über durch Krieg oder Flucht traumatisierte Erwachsene und deren Verhalten beziehungsweise Beziehung zu ihren Kindern: „Das Hauptrisiko besteht darin, dass bindungsgestörte und traumatisierte Erwachsene in narzisstischer Weise mit sich selbst befasst sind, alles kreist nur um sie selbst. Sie achten zu wenig auf ihre Kinder und schützen diese nur unzureichend.“ Zwei Seiten weiter dann: „Nicht alles kann auf die Rückzugsneigung traumatisierter Erwachsener zurückgeführt werden. Ich glaube, wir sollten dabei noch eine andere Tatsache berücksichtigen. Die Vorstellung von einem selbstständigen Kind, das von seinen Eltern bestmöglich geschützt, versorgt und liebevoll begleitet wird, war nicht zu allen Zeiten im Bewusstsein Erwachsener verankert. Die Beziehungen zwischen Eltern und Kindern zu jenen Zeiten waren andere. Oft galten Kinder als Besitz, mit dem getan werden konnte, was die Erwachsenen im Sinn hatten.“ Ich glaube, die Vorstellung von Kindern als Besitz, mit dem gemacht werden kann, was man will, ist immer noch sehr verbreitet. Das Recht zur „körperlichen Züchtigung“ von Kindern durch die Eltern wurde erst 2000 abgeschafft. Erst seitdem gilt für Kinder nach § 1631 II des Bürgerlichen Gesetzbuch „ein Recht auf gewaltfreie Erziehung. Körperliche Bestrafungen, seelische Verletzungen und andere entwürdigende Maßnahmen sind unzulässig.“ Erst seitdem ist es Eltern und anderen Aufsichts- bzw. Erziehungspersonen gesetzlich verboten, Kinder psychisch wie physisch zu verletzen oder sie zu erniedrigen. Und trotz des Verbots hielten 48 Prozent der Bundesbürger laut eines Berichtes des „Focus“ aus dem Jahr

4 „Flüchtlingskinder gestern und heute“, Hans Hopf, Klett-Cotta, 2017

2015 eine Ohrfeige dennoch für zulässig.[5] Sexueller Missbrauch stellt in den Augen vieler Täter*innen vielleicht ebenfalls eine der Handlungen dar, die man Kindern einfach antun darf. Wenn diese Form der Gewalt an Kindern dann auch noch durch eine verharmlosende Sprache versteckt und die Strafverfolgung der Täter*innen verhindert wird … Und wenn dann noch hinzukommt, dass die Gesellschaft vielleicht nicht hinschauen mag, weil sie davor zurückschreckt, dass es zu jedem missbrauchten Kind missbrauchende Täter*innen gibt, die in unserer Umgebung, in unserer Nachbarschaft leben … Zu all dem gäbe es noch mehr aufzuzeigen und zu schreiben. Da dies aber nicht der Fokus dieses Buches ist, muss das wohl an einer anderen Stelle geschehen.

Zum Schluss bleibt mir noch eines:

Ich danke Anna, Charlotte, Ida, Jessica, Johannes, der Kriegerin, Sonja und Steffi Meyer für euer Vertrauen und eure Offenheit. Ohne euch hätte ich das Buch nicht schreiben können.

5 https://www.focus.de/familie/erziehung/eine-ohrfeige-hat-noch-nie-geschadet-schlagen-verboten-und-doch-rutscht-eltern-immer-noch-die-hand-aus_id_4648799.html, abgerufen am 10.03.2019

Anhang

Fragen und mögliche Themen:

- Wenn Sie möchten, schildern Sie Ihre aktuelle Situation/Lebensumstände, z. B.: Alter, Beruf/Tätigkeit, Lebensort, Partnerschaft, Kinder, Familie, Freunde, Freizeit …
- Wenn Sie möchten, schildern Sie die Umstände des damaligen „Missbrauchs".
- Wie „zufrieden" sind Sie mit Ihrem Leben? Was heißt für Sie, ein „erfolgreiches" Leben zu führen?
- Was heißt es für Sie, die erlebte Gewalt erfolgreich bewältigt zu haben?
- „Ein Leben lang beschädigt/geschändet?" Wie sehen Sie das, wie stehen Sie dazu?
- Wann ist Ihnen das erste Mal bewusst geworden, dass die erlebte Gewalt Folgen für Sie hat?
- Welche Auswirkungen hatte/hat die sexuelle Gewalt für Sie? Welche Lebensbereiche waren/sind besonders betroffen (s. Liste möglicher Themen)?
- Was bedeutet es für Sie, Betroffene/Überlebende zu sein? Sehen Sie sich als ÜberlebendeR, BetroffeneR, Opfer?
- Ist der Missbrauch heute noch präsent? Wie sah es vor einigen Jahren aus? Entwicklung? Gab es positive oder negative „Höhepunkte"? Gab es „entscheidende" Wenden?
- Sprechen Sie darüber? Seit wann? Wenn ja, mit wem? Wenn nicht, warum nicht? Wo liegen die Hindernisse?
- Wissen die Eltern/Ursprungsfamilie, Partner, Freunde Bescheid? Die eigenen Kinder? Wie haben sie reagiert? Ist es immer noch Thema? Wie hat das Erlebte Ihre Beziehungen beeinflusst?
- Welche Auswirkungen hatte/hat Reden oder Schweigen?
- Welche Rolle spielt die Gesellschaft/der soziale Kontext in Ihrem Erleben als Betroffene von sexuellem Missbrauch? Was würden Sie sich im Umgang mit Betroffenen wünschen? Können wir als Gesellschaft oder z. B. Eltern sexuelle Gewalt verhindern?

- Darf ich das Leben genießen und/oder Spaß haben? Oder bleibt dann die Angst: „War alles nicht so schlimm“? Oder bleibt eher die Angst vor der gesellschaftlichen Meinung, dass „alles nicht so schlimm gewesen sein kann, wenn es mir heute (relativ) gut geht“?
- Ist eine (lustvolle) Sexualität möglich? Darf ich sie haben? Wie kann ich sie leben? Wie war der Weg dahin? Was ist/war wichtig?
- Was hat ihnen bei der Bewältigung des „Missbrauchs“ geholfen? (Therapie, Gespräche, Körperarbeit ...)
- Warum glauben Sie, haben Sie es „geschafft“ oder kommen zumindest heute damit zurecht? Was ist Ihnen heute wichtig, um stabil zu sein/bleiben?
- Wo waren Sie in der Bewältigung aus Ihrer Sicht nicht „erfolgreich“? Was wird Sie voraussichtlich immer beschäftigen?
- Welcher Aspekt wurde bisher noch nicht angesprochen? Was ist Ihnen noch wichtig? Was ist aus Ihrer Sicht für andere Betroffene, die sich im Bewältigungsprozess befinden, wichtig?

Mögliche Zusatzfragen:

- Stört Sie der Begriff sexueller Missbrauch? Finden Sie den Begriff „sexuelle Gewalt“ statt „sexueller Missbrauch“ angemessen?
- Wie finden Sie es, wie in der Öffentlichkeit über sexuellen Missbrauch gesprochen/geschrieben wird? (Stichworte Kinderschänder, Pädophile, Sextourismus, Opfer, Sexonkel, Sugardaddy, Schmuddelecke/Kinderpornografie [Internet] ...)
- Haben Sie Empfehlungen für Bücher, Filmen, Webseiten o.ä., die Betroffenen helfen können?

Mögliche Themen, die in den Interviews zur Sprache kommen können:

- Selbstwahrnehmung
- Sexualität/Körper
- Gesundheit/Essen/Bewegung
- Trauer/Zorn/Wut
- Schuldgefühle/Scham/Ohnmacht ...
- Stolz/„Triumph“
- Freude/Zufriedenheit/Spaß/Glück

- Stabilität/Selbstfürsorge
- Familie, Beziehung zu den eigenen Kindern, Eltern, Großeltern, Partner/Partnerschaft/Freunde, Beziehungen allgemein
- Glaubwürdigkeit, Unterstützung
- Täter-Kontakt, Konfrontation
- Kontaktabbruch (Täter, Familie, Freunde ...)
- Versöhnung/Verzeihen (müssen?)
- Glaube
- Alltag/Berufsleben
- Gewalt
- Reden, Schweigen → Folgen
- Sprache → Tätersprache, verharmlosende Sprache, unzutreffende Sprache, fehlende treffende Sprache
- Gesellschaft/Kultur → „Missbrauchskultur“, Taten finden nicht in luftleerem Raum statt
- „Ewiges Opfer“ aus Sicht der Gesellschaft oder aus eigener Sicht? Opferrolle als Identität?
- Angst vor erneuter, falscher Festlegung („War ja wohl alles nicht so schlimm, wenn sie/er heute Spaß/Erfolg hat und nicht für immer „geschädigt“ ist)
- ...?